SEマネージャーのための プロジェクト管理

PMP 桜田 孝

青山ライフ出版

＊ PMBOK 及び PMP は、プロジェクトマネジメント協会（PMI）の登録商標である。
PMP（プロジェクト・マネジメント・プロフェッショナル）は PMI が認定する国際
資格である。
＊ Capability Maturity Model、CMM 及び CMMI は、カーネギーメロン大学により米
国特許商標局に登録されている。
＊ ISTQB は国際ソフトウェアテスト資格認定委員会（International Software Testing
Qualifications Board）の登録商標である。
＊上記以外で本書に記載する会社名、製品名等は各社の商標又は登録商標である。本書
の文中においては、これらの表記において商標登録表示、その他の商標表示を省略し
ている。
＊本書中、文献【1】、文献【2】……などの表記は巻末の参考文献の番号に対応し、
引用した文献又は参考文献を示す。

はじめに

　本書は、情報システムの構築（SI：System Integration）やソフトウェア開発を行うユーザ企業及びベンダ企業のプロジェクト・マネージャー（PM）やプロジェクト・リーダー（PL）、SE 部門のマネージャーなどを対象に、システム構築プロジェクトのプロジェクト管理を筆者の経験に基づいて解説したものである。

　SE 研修などでプロジェクト管理の話をすると、きまって次のような質問がよせられる。

　―必要なスキルを持った人材がアサインされない

　―高負荷状態が長期間続き、品質悪化の懸念がある

　―達成が困難なスケジュールを指示されることが多い

　―3 ～ 4 人のプロジェクトを効率的に行う方法を知りたい

　―リスクを漏れなく特定する方法はないか

　―コストの制約が厳しく、品質にしわ寄せがいってしまうことがある

　こうした質問には、質問者がおかれた状況に応じて著者なりのアドバイスをするが、最後に次の一言を付け加える。「プロジェクト管理に絶対的な正解はありません。上司や専門家と相談の上、あなたが正しいと思ったやりかたで進めてください。ただし、あなた自身がプロジェクト管理やシステム構築に関する正しい知識を持つことは必要です」。

　プロジェクト管理に関する書物はたくさんあるが、こうした現場 SE の生の声にこたえられるものは少ないように思う。

　本書は、筆者の SE としての長い経験をもとに、現場で苦労する SE が、プロジェクトを遂行する上で役に立つ知識や知恵、コツなどを提供するものとして作成した。

目　次

はじめに……………………………………………………………………… 1

第1章　システム構築（SI）プロジェクトの現状と課題……… 11

1.1　オーバーランの状況と原因……………………………………… 11

1.2　SI プロジェクトの難しさの特質………………………………… 16

1.3　システム構築の進化……………………………………………… 19

1.4　プロジェクト管理とは…………………………………………… 21

1.5　用語の定義………………………………………………………… 24

第2章　プロジェクトの立ち上げ……………………………………… 29

2.1　キックオフ………………………………………………………… 29

2.2　プロジェクト憲章（プロジェクト基本計画書）…………… 30

第3章　プロジェクトの計画…………………………………………… 31

3.1　統合管理計画……………………………………………………… 31

　3.1.1　プロジェクト計画書………………………………………… 31

　3.1.2　その他の統合管理計画……………………………………… 35

3.2　スコープ管理計画………………………………………………… 40

　3.2.1　要件定義とシステム設計…………………………………… 41

　3.2.2　要件定義とシステム設計の例……………………………… 47

　3.2.3　仕様管理……………………………………………………… 58

　3.2.4　構成管理……………………………………………………… 60

3.3　コスト見積りとコスト計画……………………………………… 62

　3.3.1　見積りとプロジェクト管理………………………………… 62

　3.3.2　見積りの時期と種類………………………………………… 63

目　次

3.3.3　見積り技法 ……………………………………………… 64

3.3.4　リスク・コンティンジェンシーの見積り …………… 66

3.3.5　過少見積りの原因と対応 ………………………………… 68

3.3.6　各種構築形態の見積り ………………………………… 72

3.3.7　コスト計上計画とコスト管理計画 …………………… 75

3.4　工程管理計画 ……………………………………………… 77

3.4.1　スケジュールの設定 …………………………………… 77

3.4.2　WBS（Work Breakdown Structure） ………………… 80

3.4.3　工期短縮の方法 ………………………………………… 82

3.4.4　工程管理計画 …………………………………………… 83

3.4.5　進捗管理の方法 ………………………………………… 84

3.4.6　EVM ……………………………………………………… 90

3.5　品質管理計画 ……………………………………………… 93

3.5.1　品質管理計画 …………………………………………… 93

3.5.2　ソフトウェアの品質に関する経験的法則 …………… 95

3.5.3　レビュー技法 …………………………………………… 99

3.5.4　試験技法 ………………………………………………… 107

3.5.5　エラー処理 ……………………………………………… 109

3.5.6　品質指標の計画 ………………………………………… 113

3.5.7　誤り作り込み／検出モデル …………………………… 119

3.6　リスク管理計画 …………………………………………… 121

3.6.1　リスクとは ……………………………………………… 122

3.6.2　リスク総合診断 ………………………………………… 123

3.6.3　リスクの特定方法 ……………………………………… 126

3.6.4　リスクの優先順位付け ………………………………… 128

3.6.5　リスク対応計画 ………………………………………… 128

3.6.6　リスク管理表 …………………………………………… 129

3.6.7　リスク管理計画 ………………………………………… 130

3.7　要員管理計画 ……………………………………………………… 132

　　3.7.1　プロジェクトの組織形態 …………………………………… 132

　　3.7.2　組織図（体制表）の作成 …………………………………… 134

　　3.7.3　役割分担表の作成 …………………………………………… 136

　　3.7.4　教育計画 ……………………………………………………… 138

3.8　コミュニケーション計画 …………………………………………… 139

　　3.8.1　コミュニケーション計画 …………………………………… 139

　　3.8.2　ステークホルダー戦略 ……………………………………… 142

3.9　調達計画 ……………………………………………………………… 143

第4章　プロジェクトの監視・制御 …………………………… 147

4.1　統合管理 ……………………………………………………………… 147

　　4.1.1　プロジェクト状況の監視指標 ……………………………… 147

　　4.1.2　問題プロジェクトの兆候 …………………………………… 148

　　4.1.3　早期発見の効果と課題 ……………………………………… 150

　　4.1.4　混乱プロジェクトの火消し ………………………………… 152

4.2　スコープ管理 ………………………………………………………… 156

4.3　コスト管理 …………………………………………………………… 158

4.4　工程管理 ……………………………………………………………… 160

　　4.4.1　進捗状況の収集と見誤り …………………………………… 160

　　4.4.2　進捗状況の評価 ……………………………………………… 161

　　4.4.3　遅れ対策 ……………………………………………………… 163

4.5　品質管理 ……………………………………………………………… 166

　　4.5.1　品質データの収集 …………………………………………… 167

　　4.5.2　品質評価の実施時期と評価項目 …………………………… 168

　　4.5.3　品質評価の技法 ……………………………………………… 169

　　4.5.4　品質強化対策 ………………………………………………… 172

　　4.5.5　次工程品質目標の見直し …………………………………… 173

目　次

4.6　リスク管理 ……………………………………………… 175

4.7　要員管理 ………………………………………………… 176

4.8　コミュニケーション管理 ……………………………… 181

4.8.1　情報収集 ……………………………………… 181

4.8.2　プロジェクト報告 …………………………… 182

4.8.3　ステークホルダー管理 ……………………… 185

4.9　調達管理 ………………………………………………… 188

第5章　プロジェクトの完了 ……………………………… 191

5.1　プロジェクト完了報告 ………………………………… 191

5.1.1　プロジェクト完了報告書 …………………… 191

5.1.2　完了報告と引き継ぎ ………………………… 192

5.2　SEマネージャーのミッション ………………………… 194

第6章　プロジェクト成功の船中八策 …………………… 197

あとがき ………………………………………………………… 207

参考文献 ………………………………………………………… 209

索引 ……………………………………………………………… 213

5

図表目次

図表1.1　SI プロジェクトのコスト遵守状況 ………………………………… 11

図表1.2　米国における SI プロジェクトの成功率 ………………………… 12

図表1.3　コスト・オーバーランの直接要因 ……………………………… 14

図表1.4　情報システムの構成要素 ………………………………………… 16

図表1.5　経済産業省のモデル契約書における契約形態 ………………… 18

図表1.6　システム構築の進化 ……………………………………………… 20

図表1.7　プロジェクト管理の考え方 ……………………………………… 21

図表1.8　モダンプロジェクト管理の考え方 ……………………………… 22

図表1.9　コスト・スケジュール・品質を決める要素 …………………… 23

図表1.10　システム構築工程の名称 ……………………………………… 24

図表1.11　ユーザとベンダの定義 ………………………………………… 25

図表1.12　サブシステム／プログラム／モジュール …………………… 27

図表3.1　プロジェクト計画の段階的詳細化 ……………………………… 32

図表3.2　テーラリング ……………………………………………………… 34

図表3.3　変更内容と決定方法の例 ………………………………………… 36

図表3.4　局面チェックの例 ………………………………………………… 37

図表3.5　要件定義の明確度とコスト・工期・品質の関係 ……………… 41

図表3.6　要件定義／システム設計で決めること ………………………… 43

図表3.7　仕様管理の運用例 ………………………………………………… 58

図表3.8　バージョン管理とベースライン管理 …………………………… 60

図表3.9　見積りとプロジェクト管理 ……………………………………… 62

図表3.10　SI と建築の上流プロセス比較 ………………………………… 63

図表3.11　見積り技法の適用例 …………………………………………… 65

図表3.12　３点見積り法による見積額の達成確率 ……………………… 67

図表3.13　信頼性レベルと FP 生産性 …………………………………… 69

6

図表目次

図表3.14	規模による生産性の変動	70
図表3.15	ユーザの要求仕様関与と基本設計の生産性	70
図表3.16	業務システム用パッケージの類型	73
図表3.17	コスト計上計画表の例	75
図表3.18	SI プロジェクトの WBS 例	80
図表3.19	フェーズ別アクティビティの例	81
図表3.20	進捗管理の方法	84
図表3.21	イナズマ線のひき方	85
図表3.22	アクティビティごとの完了率設定例	88
図表3.23	EVM の基本指標	90
図表3.24	EVM の管理指標	91
図表3.25	EVM の基本指標算出例	92
図表3.26	レビューの種類（例）	99
図表3.27	段階的レビュー	100
図表3.28	初回レビューの重点実施による誤りの削減	101
図表3.29	品質指標計画表のイメージ	113
図表3.30	引き渡し後換算欠陥率	116
図表3.31	稼働後不具合発生密度	116
図表3.32	レビュー工数と指摘件数	117
図表3.33	製作工程のレビュー指摘率	117
図表3.34	試験工程の検出バグ数	118
図表3.35	誤り作り込み／検出モデルの例	119
図表3.36	リスク洗い出し件数とコストの関連	122
図表3.37	リスク診断表の例	125
図表3.38	リスクの優先順位付け決定表	128
図表3.39	プロジェクトの組織形態	132
図表3.40	プロジェクト体制の基本モデル	134
図表3.41	チーム編成の例	135

7

図表3.42　役割分担表の例……………………………………………137

図表3.43　コミュケーションの５Ｗ１Ｈ……………………………139

図表3.44　コミュニケーション計画の例……………………………140

図表3.45　ステークホルダーの影響度／関与度マトリックス…………142

図表4.1　問題プロジェクトの予兆チェックリスト（例）……………148

図表4.2　早期発見のシミュレーション………………………………151

図表4.3　コストと進捗の関係…………………………………………158

図表4.4　品質管理のプロセスフロー…………………………………166

図表4.5　品質分析シートの例…………………………………………167

図表4.6　品質評価の実施時期と評価項目……………………………168

図表4.7　試験密度と誤り検出率によるゾーン評価…………………169

図表4.8　誤り収束状況の評価…………………………………………170

図表4.9　次工程品質指標の再設定……………………………………173

図表4.10　タックマン・モデル…………………………………………176

図表4.11　コンフリクトの解決スタイル………………………………178

図表5.1　CMMIの段階表現における組織成熟度………………………195

図表5.2　システム開発組織の文化……………………………………196

余談目次

余談 1　プログラム開発の生産性 ……………………………………17

余談 2　初めての PL（プロジェクト・リーダー）………………20

余談 3　システム試験は誰がやる？ ………………………………25

余談 4　失敗プロジェクトの事例 …………………………………39

余談 5　仕様書の書き方に関する事例 ……………………………45

余談 6　すばらしい「要件定義書」………………………………56

余談 7　完璧なクラス設計 …………………………………………57

余談 8　設計のプロとは………………………………………………57

余談 9　結果と経緯の文書化 ………………………………………59

余談10　見積り精度 …………………………………………………71

余談11　「○日遅れ」の意味 ………………………………………89

余談12　実装のわからないベテラン SE …………………………106

余談13　「試験できないものを作るな！」………………………112

余談14　引き渡し後誤り数と試験工程の誤り数 ………………118

余談15　その誤りはどこで作り込まれたのか？ ………………120

余談16　ある問題プロジェクトのリスク "見立て" ……………131

余談17　PMO の役割 ………………………………………………138

余談18　オフショアから「NO！」と言われたプロジェクト …145

余談19　あるプロジェクトの再建 ………………………………155

余談20　米国のソフトウェア品質 ………………………………174

余談21　優秀な PL B 氏の課題 …………………………………180

余談22　「報連相」に関する法則 ………………………………184

第1章　システム構築（SI）プロジェクトの現状と課題

1.1　オーバーランの状況と原因

（1）計画達成状況

　JUAS[※]の調査によれば、企業などの情報システム構築プロジェクトのコスト遵守率は年々改善されているものの、満足できる状態になっているとは言い難い。納期と品質も同様の傾向を示しているが、コスト・納期・

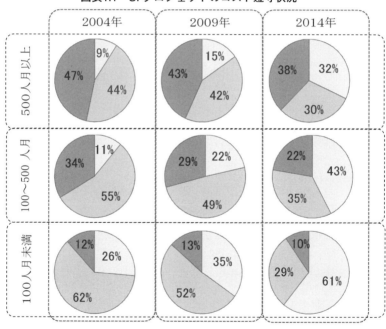

図表1.1　SIプロジェクトのコスト遵守状況

出典：文献【1】P40のデータをグラフ化

※JUAS：一般社団法人　日本情報システム・ユーザー協会

品質の3つとも計画を達成したプロジェクトの比率は、100人月未満のプロジェクトでも50%を切るのではないかと思われる。

STANDISH GROUPが発行している"CHAOS Report"によれば、米国のシステム構築プロジェクトにおける「成功プロジェクト」（コストも納期も計画通りに完了）の割合は、1995年には16%しかなかったが、2004年には29%まで改善している。しかし、その後は30%前後の成功率で横ばい状態が続いている。

図表1.2　米国におけるSIプロジェクトの成功率

出典：STANDISH GROUP　"CHAOS Report"

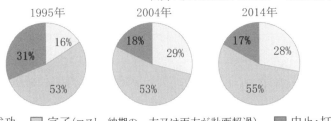

SIベンダは、こうした問題プロジェクトによる損失を毎年定常的に発生させており、その額は売上高の0.5%から1%に達する。大きなプロジェクトのコスト・オーバーランがあると5%を超えるときもある。もちろん、ユーザにとってもプロジェクトの失敗が経営に与える影響は大きく、場合によっては会社の存続を危うくするような事態にもなる。

また、最近はシステム構築を巡る訴訟も増加しており、ベンダのプロジェクト管理の不備を理由に数十億円に上る賠償額が請求されるケースも発生している。逆にユーザの責任が問われ、ベンダへ費用を支払うよう求める判決も出ている。

第1章　システム構築（SI）プロジェクトの現状と課題

（2）オーバーランの原因

　前記の "CHAOS Report 1995" では、プロジェクトの成功要因に次のようなものをあげている。（上位5件）

　①ユーザの巻き込み（User Involvement）

　②経営者の支援（Executive Management Support）

　③明確な要件定義（Clear Statement of Requirements）

　④適切なプロジェクト計画（Proper Planning）

　⑤現実的な期待（Realistic Expectations）

また、コストや納期が予定通り終わらなかったプロジェクトの原因には次のようなものをあげている。（上位5件）

　①ユーザからの入力不足（Lack of User Input）

　②不完全な要求と仕様（Incomplete Requirements & Specifications）

　③要求と仕様の変更（Changing Requirements & Specifications）

　④非現実的な期待（Unrealistic Expectations）

　⑤経営者の支援の欠如（Lack of Executive Support）

日本では各社がそれぞれ固有の言葉で問題プロジェクトの原因を分析しており、統一的に調査した資料はない。報告されている原因を大きく分ければ、次のように分類できそうである。アメリカでは、企業の情報システム構築は自社で行うことが多いが、ベンダに委嘱することが多い日本ではベンダ／ユーザ間の問題に関する原因が追加される。

　①見積りの問題

　②プロジェクト計画や管理に関する問題

　③要員のスキルや要員数の問題

　④経営者や組織の関与に関する問題

　⑤その他（契約、コミュニケーション、提案方法など）

問題プロジェクトの原因が1つであることはまれで、複数の原因が複雑に

13

からみあっていることが多いが、原因を作り込んだ工程としては要件定義・外部設計までの上流工程に問題があるプロジェクトが少なくとも7～8割になるであろう。また、コスト・オーバーランに直接的に影響した要因でいえば、要件や作業が計画時より増加したか、手戻り作業が想定以上に発生したか、の2つしかない。

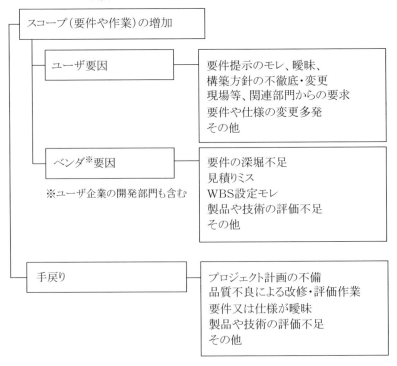

図表1.3　コスト・オーバーランの直接要因

20年ほど前まで、問題プロジェクトの原因の大半はプロジェクト・マネージャー（PM）やプロジェクト・リーダー（PL）のスキルにある、とされていた。実際、PMやPLのスキルがプロジェクトの成否に大きな影響を与えることは間違いないが、それ以上にPMやPLが所属する組織の

第1章　システム構築（SI）プロジェクトの現状と課題

能力や風土が、プロジェクトの遂行能力に大きな影響を及ぼす。また、原因を人のスキルの問題として片づけてしまうと、真の原因が見えなくなり、いつまでたっても改善されないという悪循環に陥る。

　要件が明確ならば、手戻りは大幅に減り、工期遵守率も品質満足度も高くなる、という調査もある。（図表3.5）　プロジェクトを成功させるポイントを強いて一言でいえば、「明快な要件定義と手戻りを発生させないプロジェクト管理」になるだろう。

　オーバーランしたプロジェクトのリスクは大きいものが多く、リスク管理が不十分ということもできる。問題プロジェクトを「撲滅」するためにはリスクの大きいものには近寄らなければ良いのだが、そうしたプロジェクトは戦略的なものであり、取り組まなければならない時も少なくない。リスクとリターンを評価して、取り組むかどうかを判断するが、それは経営方針そのものである。

15

1.2 SIプロジェクトの難しさの特質

SIのプロジェクトは、その開発手法が未成熟な故に、建設など他の業態のプロジェクトとは異なる次のような特質がある。

（1）成果を共有するための手法が確立されていない

建物や機械などを作るときは、成果物を定義する図面の記述方式が決まっており、模型などを作って確認することもできる。

しかし、SIの世界では、成果物は文章主体の要件定義書やシステム仕様書で定義される。そのため、「行間を読む」ことが必要になる場合もあり、成果物のイメージを共有しにくい。

システムに対する要件には機能要件と非機能要件があり、いずれも、業務の運用ルールであるビジネス・ルールをもとに定義される。ビジネス・ルールは社内規則に相当するもので、例外処理なども含めて漏れなく、かつ明確に定義することが出発点である。

なお、IPA／SEC[※]から、「機能要件合意形成ガイド」（文献【2】）と

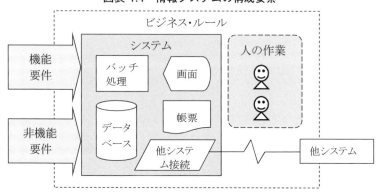

図表 1.4　情報システムの構成要素

※ IPA/SEC：独立行政法人 情報処理推進機構（IPA）技術本部 ソフトウェア高信頼化センター（SEC）

第1章 システム構築（SI）プロジェクトの現状と課題

「非機能要求グレード利用ガイド」（文献【3】）が提供されている。

（2）ほとんどの作業を人が行い、属人性がきわめて高い

　システム構築に関わる設計やプログラム作成、試験などの作業は、そのほとんどが人により行われる。構築工数の半数近くを占めるプログラム作成の生産性は、人により2倍以上違うと言われている。設計では、後工程への影響を考えるとその差はもっと大きいかもしれない。難易度の低いシステムであれば、生産性のデコボコは吸収しやすいが、難易度が高くなると問題プロジェクトになりやすい。

余談1　プログラム開発の生産性

　開発規模も難易度もほぼ同じプログラム群をA社とB社に開発依頼した。要員はそれぞれ5名ほどで要員のスキルは両社ともにほぼ同一、違ったのはそれぞれのリーダーの進め方だった。A社のリーダーはプログラム開発を始める前にメンバーを集めて、ソフトウェア構造やインタフェースなどを指示、作成中もフォローを欠かさなかった。B社のリーダーはメンバーの担当プログラムを決め、発注元が作成した仕様書を渡しただけで、作成中のフォローもしなかった。リーダーの差が、これだけ大きな差になるのである。

	A社	B社
工数	10人月	15人月
工期	2ヶ月	3ヶ月
ステップ数	30KL	50KL
誤り検出数	90件	250件

（3）要件や仕様が曖昧なままコストや納期が先に決まる

「販売管理システムを導入したいがいくらかかる？」昔は、この一声だけで商談のコンペが行われることもめずらしくなかった。これまで、SIサービスの契約は、要件定義から本稼働までの一括請負契約が一般的だった（1.3節参照）が、最近では経済産業省の指導もあって、分割契約が一般化しており、中堅・大企業では一括請負契約はなくなりつつある。しかし、一部の業界や中小企業では、いまだに残っている。

図表 1.5　経済産業省のモデル契約書における契約形態

出典：文献【4】

工程	モデル契約書
要件定義	準委任
システム設計（外部設計）	準委任又は請負
ソフトウェア設計（内部設計）	請負
プログラム製作	
結合試験	
システム試験	準委任又は請負
運用試験	準委任
移行・本稼働	

プロジェクトに独自性という特性がある以上、見積りに不確実性があるのは、SI以外の業態のプロジェクトでも同じであろう。しかし、SIやソフトウェア開発では、例えば建築業界の「坪単価」のような概算見積りをするための方法や、業界横通しで通用する見積り基準も確立されていない。（システムが高度化する前は、画面・帳票の数で概算見積りが可能な場合もあった。）

また、SIは要件定義・システム設計・運用試験・移行・本稼働など、ユーザとベンダの協同作業になる工程が多いが、これらの工程の作業量は双方の能力により大きく変動する。

第1章　システム構築（SI）プロジェクトの現状と課題

1.3　システム構築の進化

（1）黎明期（1950～1960年代）

　1951年に初めて商用の電子計算機（汎用機）が発売された。60年代に入って導入する企業が増加するが、当時はシステムというより単機能の計算機械であった。

（2）成長期（1970～1980年代）

　ミニコンやオフコンも登場し、情報システムの導入が本格的に始まった。最初は、それまで人が手作業で行っていた作業を機械化することから始まった。システムは、スタンドアロンかネットワーク接続があっても低速で簡単なもの、画面や帳票も単純な文字ベース（CUI：Character User Interface）、H／WやOSはメーカ固有のもので、メーカのＳＥはホワイトボックス同様に扱うことができた。

（3）混迷期（1990～2000年代）

　システムは業務を遂行するためになくてはならないものになり、高い信頼性が要求されるようになった。ネットワークにより複数のシステムと接続し、インターネットの活用、多彩なグラフィカル表現（GUI：Graphical User Interface）、H／WやOSもオープン化（＝ブラックボックス化）など、システム構築の難易度は高くなった。これに伴い、問題プロジェクトが頻発するようになった。

　90年代半ばに米国で「モダンプロジェクト管理」と呼ばれるツールが出現し、2000年前後には日本の企業にも普及した。

（4）多様化（2010年代～）

　クラウドの普及、開発ツールの高度化などにより、システム構築の方法が多様化しつつある。ユーザ主体の構築が増加する一方、ベンダの専門性が要求される時代になるであろう。

図表 1.6　システム構築の進化

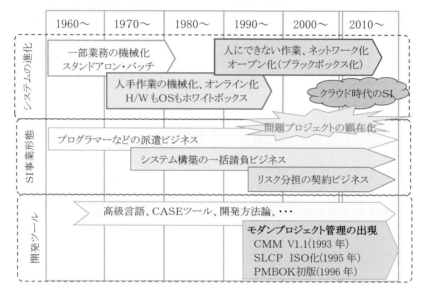

余談2　初めての PL（プロジェクト・リーダー）

　私が初めて PL を担当したのは、入社4年後、ある機械の自動検査システムで30人月ほどの規模であった。このプロジェクトは要件がはっきりしていたので、実績はほぼ見積りと同じだった。

　その2年後、あるシステムの見積りをしてくれ、という要請があった。「実験室の自動化支援システム」というだけで、詳しい要件は一切なし、それでも多少の前提を作って50人月くらいの見積りを作った。いざ、受注して要件を聞いてびっくり、とてもそんな工数ではできそうにない。結局、100人月以上かかってしまったが、上司から見積りやコストについての指摘などは一言もなかった。このシステムはミニコンを数十台納入するシステムだったので、SE 費用がこの程度増えても、何ともなかったのであろう。ソフトウェアや SE の付加価値より、ハードウェアの付加価値が大きい時代であった。

第1章　システム構築（SI）プロジェクトの現状と課題

1.4　プロジェクト管理とは…

（1）プロジェクト管理の考え方

　プロジェクトは要求に沿った成果物を生成する活動であるが、プロジェクト管理はそれを成功裏に完了させるために、計画を策定し、実行し、プロジェクトに影響を及ぼす種々の状況を監視しながらプロジェクトを制御していく活動である。

　プロジェクトには多くの人が参加するが、人のスキルや性格・行動特性のバラツキ（欠点）やミスが、プロジェクトの成否に影響しないようカバーすることが重要な任務である。

図表 1.7　プロジェクト管理の考え方

プロジェクト状態 QCD※、スコープ	定量的情報	要求		プロジェクトの計画・制御
リスク、ステークホルダー等	定性的情報	プロジェクト管理プロセス		ステークホルダー管理
		成果物		

※ QCD：Quality（品質）、Cost（コスト）、Delivery（納期）

　プロジェクト管理上の問題の多くは、技術的というより社会科学的である。問題の答えは一つではなく、自然科学の世界のように絶対的に正しい解もないことが多い。正しいかどうかは、結果でしかわからない。そのプロジェクトを最もよく知っている PM や PL 自らが考え、最適と思われる解を見つけ出すしかないのである。

21

（2）モダンプロジェクト管理の基本思想

　モダンプロジェクト管理とは、PMBOK[※1]やCMM[※2]などに基づくプロジェクト管理の方法で、1990年代半ばに米国で開発され、日本では2000年前後に各社が導入した。
伝統的プロジェクト管理では、プロダクトに着目してQ（Quality：品質）、C（Cost：コスト）、D（Delivery：納期）を中心に、KKD（勘と経験と度胸）で管理する。モダンプロジェクト管理では、伝統的管理の良さを生かしつつ、次のような基本思想を採用している。

- 成果物であるプロダクトのみならず、その生成過程（プロセス）に着目し、プロセスの改善により品質や生産性の向上を目指す。
- QCDだけでなく、リスクやコミュニケーション、調達なども管理対象に含める
- 勘や経験のみならず定量的・客観的管理も取り入れる

伝統的プロジェクト管理が職人芸であるのに対して、モダンプロジェクト管理は組織力による合理的管理と職人芸とを組み合せたものである。

図表1.8　モダンプロジェクト管理の考え方

```
                    モダンプロジェクト管理
┌─────────────────────────────────────────────────┐
│  伝統的プロジェクト管理         ・プロセス視点        │
│                                ・リスク、コミュニケーションなど│
│  ・プロダクト視点          ＋    も管理対象          │
│  ・管理対象は、QCD中心          ・定量的、客観的管理   │
│  ・勘と経験と度胸(KKD)          ・組織力が基盤        │
│  ・個人に依存                                       │
└─────────────────────────────────────────────────┘
```

※1　PMBOK Guide：A Guide to the Project Management Body of Knowledge　プロジェクトマネジメント知識体系　文献【5】
※2　CMM：Capability Maturity Model　組織成熟度モデル

（3）コスト・スケジュール・品質を決める要素

　一般に、コスト・スケジュール・品質を決めるのは、「人」と「技術」と「プロセス」の3要素だと言われている。しかし、これら3要素を醸成するのは組織であり、組織の良し悪しがプロジェクトの生産性に大きな影響を及ぼす。

図表 1.9　コスト・スケジュール・品質を決める要素

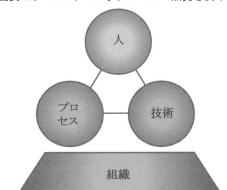

1.5　用語の定義

　この節では、本書で使用する用語を定義する。ここに定義していない用語は一般に使われている意味と同じである。

（1）システム構築の工程名

　システム構築の工程名や作業範囲は企業によって異なるが、本書では、

図表 1.10　システム構築工程の名称

工程名	SLCP※プロセス	定義
システム企画	企画	経営戦略や経営上の課題を分析し、業務改革とそれに伴うシステム構築の方向性などを決定する。
要件定義	要件定義	新たな業務とそれを支えるシステムの範囲及びビジネス・ルールや非機能要件などを明確にする。
システム設計	システム要件定義 システム方式設計 ソフトウェア要件定義	システムの実現方式を設計し、画面、帳票や他システムインタフェースなど、詳細な外部仕様を決定する。
ソフトウェア設計	ソフトウェア方式設計	ソフトウェアの構造を設計し、プログラムの基本機能を定義する。
ソフトウェア製作	ソフトウェア詳細設計 ソフトウェア構築	プログラムの内部構造を設計し、コーディングを行い、単体試験を行う。
結合試験	ソフトウェア結合 システム結合	プログラム間、サブシステム間、他システム間のインタフェース及び、機能単位での詳細確認テストを行う。
システム試験	ソフトウェア適格性確認テスト、システム適格性確認テスト	システム開発者が、業務の流れに沿ってシステム全体の動作を確認する。
運用試験	システム導入、システム受入支援、運用テスト	システムの利用者・運用者が、実際の業務に即してシステムを動かし、要求通り稼働するか、を確認する。

※ SLCP：Software Life Cycle Process-Japan Common Frame 2013　文献【6】

次の名称を使用する。

関連するマイルストーンとして次の用語を使う。

・仕様承認；システム仕様書をユーザが確認し承認する行為。

・引き渡し：システム試験完了後、ベンダからユーザにシステムを引き渡す行為。ユーザはその後、受入試験を行う。

余談3　システム試験は誰がやる？

　システム試験は誰がやるか、でもめたプロジェクトがあった。ベンダのPLの主張は、ユーザから「運用を含めた総合的な試験はユーザ側でやるので見積りから外してくれ」と言われたので見積り外にした、結合試験までがベンダの担当だ。ユーザの主張は、「総合的な機能確認試験はベンダの責任でやるのが当然のこと」。

　結局、ユーザ側の主張通り、ベンダがシステム試験を実施した上で、引き渡すことになった。原因は、見積り段階で「システム試験とはどういう試験か」という確認がされず、双方が自分の都合のよいように解釈してしまったことにある。

（2）ユーザとベンダ

　「ユーザ」は、システムを利用する企業等、「ベンダ」は「ユーザ」から委嘱されてシステム構築の一部作業を実行する企業等、を意味する。また、「ユーザ」内でシステムを利用する部門を「利用部門」、システム構築を行う部門を「開発部門」と呼ぶ。

図表 1.11　ユーザとベンダの定義

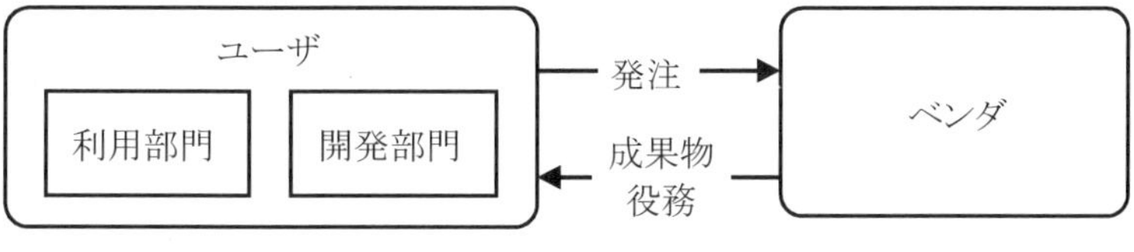

（3）プロジェクト・マネージャー(PM)とプロジェクト・リーダー(PL)

　PM と PL の役割の定義は企業によって異なるが、本書では次のように定義している。PL という役割は PMBOK には定義されておらず、PL を設定しない企業もある。設定しない場合、PM が PL の役割も担うか、別のメンバーにその作業を委嘱することになる。

・プロジェクト・マネージャー（PM）：

　プロジェクト推進の統括責任者として、プロジェクトの説明責任を持つ。プロジェクト計画をレビューし、実行を監視・コントロールする責任と権限を持つ。

　※説明責任（accountable）：プロジェクトの活動についてステークホルダーに説明する責任。

・プロジェクト・リーダー（PL）：

　プロジェクトの実行責任者として、プロジェクト計画を作成し、プロジェクトを遂行する。設計リーダーを兼ねることが多い。大きなプロジェクトでは PL が複数いることもある。

　※実行責任（Responsible）：実際の作業を遂行する責任。

システム構築の一部作業をベンダに委嘱する場合、PM、PL がユーザ企業、ベンダ企業の双方に設定される場合がある。

（4）管理対象

　プロジェクト管理が対象とする以下の9つを「管理対象」と呼ぶ。PMBOK では「知識エリア」、ISO21500※では「サブジェクト・グループ」と呼ばれているものに相当する。なお、PMBOK 第5版で追加された「ステークホルダ管理」は、本書では「コミュニケーション」に含めている。

　　・統合管理　　・スコープ　　・コスト　　　・工程　　　・品質
　　・リスク　　・要員　　・コミュニケーション　　・調達

※ ISO21500：プロジェクト管理に関する国際規格。2012年に制定された。

第1章 システム構築（SI）プロジェクトの現状と課題

（5）サブシステム／プログラム／モジュール

①サブシステム

システムを類似した機能群ごとに分割したもの。他の機能群とデータの関連が薄いところで分割すると良い。例えば、小さな販売管理システムであれば、受注・売上系のサブシステムと発注・仕入・在庫管理系のサブシステムに分割できる。

②プログラム

例えば、受注入力とか請求書出力といった機能単位のソフトウェア。単一モジュールの場合もあれば、複数のモジュールで構成されるときもある。

③モジュール

ソフトウェアの最小構成単位で、プログラムが実行すべき処理を分割したもの。複数のプログラムで利用される共通モジュールもある。

図表 1.12 サブシステム／プログラム／モジュール

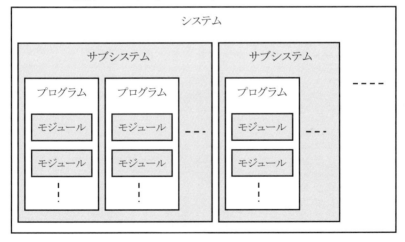

第2章　プロジェクトの立ち上げ

2.1　キックオフ

　プロジェクトの開始をどの時点にするかは、そのプロジェクトの規模や内容により決めればよいが、通常は要件定義の開始時点になる。要件定義をシステム設計と統合する場合はシステム設計の開始時点になる。(どんな小さなシステムでも要件定義は必ずある。文章にすれば1行で終わってしまうかもしれないが…)

　もし、要件定義により、プロジェクトの内容が大きく変わった場合は、キックオフをやり直す。

　プロジェクト開始時には、関係者によるキックオフを行う。キックオフの目的は、次の2点である。キックオフには、「プロジェクト憲章」(2.2節参照)を提出し、承認を得る。

　① プロジェクトの目的、推進方針、内容などを関係者間で共有する

　② 関係者の顔合わせ

大きなプロジェクトでは、キックオフを公式行事として行い、ユーザのプロジェクト・スポンサーや総括責任者、ベンダの事業部門責任者なども同席することが望ましい。キックオフは議論をする場ではないので、主要な出席者には事前に根回しをしておく。

　小さなプロジェクトでは、関係者による簡単なミーティング形式で済ませてもよい。

2.2 プロジェクト憲章（プロジェクト基本計画書）

　プロジェクト憲章は、プロジェクトの目的・目標・内容などが記載された文書で、プロジェクトを進める上でのいわば憲法に相当する。本来は、プロジェクト・マネージャー（PM）に権限を委託するための文書なので、プロジェクト・スポンサー（通常、システムの利用部門の責任者）が作成し、プロジェクトに提示するものであるが、日本ではプロジェクト側で作成するのが一般的である。

　ここに記載される内容は、「プロジェクト計画書」にも同様の内容が記載されることが多い。また、「プロジェクト憲章」という名称は日本ではなじみがないので、「プロジェクト基本計画書」という名称にすると理解されやすい場合もある。

　プロジェクト憲章（プロジェクト基本計画書）には次のようなことを記載する。

① 背景と目的；プロジェクト発足の背景、目的、目標など

② 推進方針・前提条件・制約条件；

③ システム概要；システム構成図などで構築範囲を明確にする

④ 予算・コスト；相手によっては提示しない

⑤ 基本工程；要件確定、本稼働、などのマイルストーンを記載

⑥ 体制と役割分担；

⑦ 主要リスクと課題；

⑧ その他；当面の進め方、関係者への依頼事項、等

第3章　プロジェクトの計画

3.1　統合管理計画

　統合管理計画では、プロジェクト計画書の作成のほか、コスト・工程など個々の管理対象を横通しで管理するための事項を計画する。

3.1.1　プロジェクト計画書

　プロジェクト基本計画書（プロジェクト憲章）がプロジェクトの憲法だとすれば、プロジェクト計画書は法律になる。

　プロジェクト計画書は、工程・コスト・品質・リスク・などのプロジェクト計画を記載した文書である。大手のSIベンダでは、会社が様式を規定し、その様式に沿って作成するようになっている。通常、プロジェクトの開始直後に作成し、進捗に合わせて更新していく。小さなプロジェクトでは、半日で作成できることもあるが、大きなプロジェクトでは1ケ月以上かかることもある。

（1）プロジェクト計画書作成の目的
　①プロジェクトの推進方法と管理方法の決定
　　無駄な作業を排除し、必要な作業をモレなく取り込み、最も効率の良いやり方でプロジェクトを進める方法を決める。
　②プロジェクト推進のベースラインの決定
　　工程、品質、コストなど、プロジェクトを実行・監視・制御していくためのベースライン（基準）を決める。例えば、進捗の遅れ／進み、コスト計上が予定通りか否か、などは、ここで決めた基準と比較して判断する。ベースラインがあやふやだと、プロジェクトの状態を正しく認識できない。

③プロジェクト推進方法の共有

プロジェクトの目的・目標・方針・実行方法などをプロジェクト・メンバー、その他関係者で共有し、意思統一する。

④継続的なプロセス改善

プロジェクト計画書と完了報告書の蓄積・再利用により、類似プロジェクトの効率化を図り、プロセスを継続的に改善していく。

(2) プロジェクト計画の段階的詳細化

　プロジェクト計画は、システムの企画・構想の段階から検討される。見積りはその段階で必ず行われるし、概略のスケジュールも計画する。プロジェクト計画書を作成する時には、すでに存在する概略計画をプロジェクトとして実行できるように展開する作業になる。

　しかし、プロジェクト計画書を作成する時点ですべての計画を明確にすることもできない。要件定義で要件が増減したり、開発方法が変更になったりするし、プログラム作成要員が確定するのはずっと先である。作業の詳細が確定し、要員のアサインをして詳細工程をひけるようになるのは、その工程が始まる直前であることもめずらしくない。

　プロジェクト計画書は、プロジェクト開始時に作成し、段階的に詳細化していくものである。ときどき、「○○が決まらないから、決まってから作成する」というPMがいるが、まず決まっている範囲で計画を作り、決まったら詳細化していくようにしなければ計画の意味をなさない。

図表 3.1　プロジェクト計画の段階的詳細化

第3章　プロジェクトの計画

（3）プロジェクト計画書の構成

　プロジェクト計画書の記述内容は企業によって異なるが、下記のような
ブロックに分けられるであろう。

①基本計画…プロジェクト基本計画書（2.2節）と同じ

　　背景と目的、推進方針、前提条件、制約条件

　　システム概要、予算、コスト、基本工程

　　体制と役割分担、主要リスクと課題、その他

②商談状況…内容は各社により異なる

　　商談経緯、契約条件、検収条件、保守条件、等

③管理計画…各管理対象の管理方法

　　・統合管理計画；構築方法、プロセス選択、変更管理方法、など

　　・スコープ管理計画；仕様管理方法、成果物管理（構成管理）

　　・コスト管理計画；コスト管理の方法

　　・工程管理計画；工程管理のツール、方法

　　・品質管理計画；品質指標、品質施策、品質評価方法など

　　・リスク管理計画；リスク管理の方法

　　・要員管理計画；体制表（詳細）、役割分担（詳細）

　　・コミュニケーション計画；会議、報告、情報共有の方法など

④実行計画

　　・コスト計上計画表

　　・総合工程表、詳細工程表

　　・品質指標管理表

　　・リスク管理表

　　・調達管理表

上記以外に、ISO9000やCMMI等の認定組織では、それぞれの認定要
件に必要な項目もある。また、各社が設定している項目もある。

33

(4) テーラリング（Tailoring）

　テーラリングとは、プロジェクトの特性に応じて組織が定めた標準プロセスをカスタマイズすることである。プロジェクトにはそれぞれ独自性があるので、そのプロジェクトに最適な方法でプロジェクトを実行しなければならない。

　標準プロセスで必ず守らなければならないプロセスはそのまま採用し、それ以外のプロセスのカスタマイズやプロセスの追加を行う。

図表 3.2　テーラリング

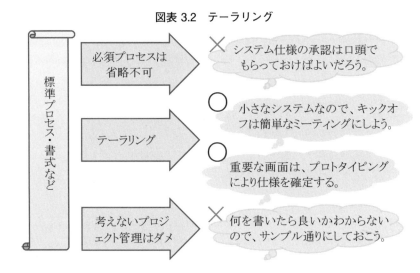

　組織が用意したプロジェクト計画書の様式に穴埋め式に記述していくだけのプロジェクト計画書は、作成する意味がない。PM／PL は、プロジェクトのリスクや特性を踏まえて、最適なやりかたは何か、次に向けて何を遺すか、を考えなければならない。

第3章　プロジェクトの計画

3.1.2　その他の統合管理計画

（1）構築方法

　プロジェクトの特性を踏まえて、最適な構築方法を決定する。パッケージやツール類の活用、開発手法（プロトタイピング、アジャイル、W字モデル※、等）、要件定義の進め方、設計技法、試験方法、マイグレーション方法、などがある。

　小さなプロジェクトでは、過去から続けてきたやり方で問題がない場合が多いし、仮に問題が起きてもリカバリーは容易だが、大きなプロジェクトでは構築方法により、コスト・納期・品質は大きく変わることがある。

（2）プロセスの選択

　各社が標準で定めた構築プロセスや管理プロセスのうち、どのプロセスを実施し、どのプロセスは実施しないか、を決める。例えば、小さな改修プロジェクトであれば、ソフトウェア設計が不要なこともあるし、結合試験とシステム試験を統合した方が効率良く試験できる場合もある。

　また、プロジェクト計画審査会、要件定義書審査会、本稼働判定など標準で定められたマイルストーンがある場合、実施要否や実施方法（書面審査、公式会議など）を決める。

　なお、標準プロセスやマイルストーンが定められていない企業では、過去の実績などをもとに、そのプロジェクトで実施すべきことを決める。

（3）変更管理の方法

　変更管理の対象には、次のようなものがある。

　　①プロジェクト計画書に記載された、工程、コスト、品質、スコープ、主要な要員、などの変更

※ W字モデル：設計と並行して試験設計を行い、工期の短縮と品質向上を狙う構築モデル。早い段階で欠陥が検出され、工期も短縮できるが、途中で仕様変更があると試験設計の見直しが必要になる。

35

②確定済みの要件定義書、システム仕様書の内容変更

③その他、プロジェクトの遂行に影響を及ぼす事項

　誤りを修正するためにコストや工程などが変更されるときは、変更管理の対象になるが、コストや工程などの変更を伴わない誤りの修正や遅れている進捗を回復する処置などは変更管理の対象にならない。

　なお、上記②の要件や仕様に関する変更は、構成管理など仕様管理全般にかかわる問題があるので、他の変更管理とは別に仕様管理の方法を定義した方がよい。

　プロジェクト計画時には、変更の申請方法、変更のレベル分け、決定方法と決定者などを決める。これらは、あらかじめ組織が既定値を決めておくとよい。

図表 3.3　変更内容と決定方法の例

レベル	内容	決定方法
A	PMの権限を越えるコストや納期、要件などの変更	責任者連絡会（ステアリング・コミッティ）で審議し、プロジェクト・スポンサーが決定する。
B	コストや納期に影響があるが、PM権限の範囲で対応可能な変更	プロジェクト内ミーティングで協議し、PMが決定する。決定事項は関連するステークホルダーに通知する。
C	コストや納期に影響がない変更	関係者で協議し、PMが承認する。決定事項は関係者に通知する。

（4）局面（フェーズ・ゲート）チェック

　局面チェックとは、システム構築の各工程や活動に開始基準・完了基準をあらかじめ設定し、工程や活動の境界でそれらの基準を満たしているかどうかチェックする仕組みである。目的は、問題を早期に発見し、欠陥を後工程に持ち越さないようにすることで、フェーズ・ゲート・チェックと呼ばれているものと同様である。

第3章　プロジェクトの計画

　プロジェクト計画時には、どの局面を、誰が、何をチェックするか、などを決める。これらは、プロジェクトの規模や難易度などに応じて、あらかじめ組織が既定のチェック項目を用意しておく。

図表 3.4　局面チェックの例

局面（フェーズ）	開始	完了
提案活動（システム企画）	△	○
プロジェクト計画	－	◎
要件定義	○	◎
システム設計	△	○
ソフトウェア設計、プログラム開発	△	○
結合試験	△	○
システム試験	△	◎
運用試験	○	◎
本稼働	◎	－

※開始／完了　－：不要、△：省略可、○：セルフチェック、◎：第三者チェック
　前工程の完了チェックと後工程の開始チェックを同時に実施してもよい

開始時のチェック項目の例（要件定義）

　・システム構築の目的や方針、範囲が明確になっているか？

　・要件の決定基準が明確になっているか？

　・参加メンバーが決定し、参加できる状態になっているか？

完了時のチェック項目の例（システム設計）

　・すべての機能について設計が完了し、文書化されているか？

　・残件がある場合、その内容、担当者、処置期限が明確か？

　・計画したレビュー工数以上のレビューを実施したか？

　・レビューで摘出した誤り件数や内容は妥当か？

　・ユーザ（利用部門）による承認は完了したか？

37

（5）本稼働基準

　本稼働基準は、新システムの本稼働可否を判定する条件を定めたものである。本稼働基準は、運用フェーズに移ることを判定するための基準でもあり、構築フェーズ最後の局面チェックである。

　プロジェクト計画時には、設定する時期、チェック項目の概要、判定者と判定時期、などを決める。

①設定時期

　　システム設計後、遅くともシステム試験開始までに設定する。

②設定項目

　　以下の5グループについて、システムの特性などを踏まえて、詳細な項目に展開する。各項目に設定する基準値は、客観的に判断できるように数値にする。数値にならないものは、Yes／Noなど主観が入らないよう工夫する。

　　・品質……………誤りの検出状況・収束状況や、要件定義書、システム仕様書との適合性など

　　・非機能要件……性能、セキュリティ、拡張性などの要件の充足度

　　・運用…………運用体制、教育など運用開始のための準備状況

　　・移行・切替え…移行作業や移行リハーサルの状況

　　・稼働後の保守…稼働後の保守契約や保守作業の準備状況

③判定時期

　　最終判断は、運用試験及び移行準備作業が完了または、完了のメドがたった頃であるが、あらかじめ定めたいくつかのタイミングでチェックし、その達成状況をトラッキングするとよい。

④判定者

　　ユーザ（利用者、開発者）、ベンダ、その他関係者が各条件を満足することを確認した上で、ユーザの責任者が最終判断する。

第3章　プロジェクトの計画

余談4　失敗プロジェクトの事例

　そのプロジェクトでは、本稼働基準を設定しなかった。

　予定よりやや遅れてシステム試験を開始したが、誤りが多数検出され、なかなか収束しない。ベンダのPMは本稼働の1ケ月ほど前、ユーザの責任者に「本稼働は不可能」と報告した。しかし、ユーザの責任者は「予定通り稼働させる」と決め、形ばかりの運用試験を実施して稼働させた。

　案の定、稼働後は地獄のような日々が続いた。数ケ月後、やっと落ち着いてきたものの、完全に安定するまでには2年近い歳月を必要とした。ユーザの責任者がなぜそのような無理をしたか、は不明だが、もし「本稼働基準」を作っていたら、違う展開になっていたかもしれない。

3.2　スコープ管理計画

　PMBOK のスコープ管理の知識エリアには、要求事項の収集やスコープ定義、スコープ妥当性確認などのプロセスが含まれているが、システム構築プロジェクトでは、これらは構築プロセスの一部として実行される。

　また、「WBS 作成」もスコープ管理の知識エリアにあるが、本書では工程管理計画に記載している。ほとんどの SI プロジェクトでは、WBS の雛形が決まっており、工程表を作るときにそれをカスタマイズしているとみられるからである。

スコープ管理計画のアウトプットは以下である。

（1）要件定義・システム設計の進め方

　3.1.2項の「構築方法」や「プロセスの選択」でプロジェクト特有の進め方などを規定する。

　3.2.1項では、要件定義やシステム設計のあるべき姿を述べ、3.2.2項で例を記載した。

（2）仕様の管理方法

　仕様の変更、照会・確認、連絡などを行う方法を定める。3.2.3項を参照。

（3）成果物の管理方法（構成管理）

　PMBOK において、構成管理は統合管理の中にある変更管理の一部であるが、仕様の管理（変更だけでなく確認や誤り修正なども含む）と成果物の管理を連動させるため、本書ではスコープ管理の一部として3.2.4項に記載している。

3.2.1 要件定義とシステム設計

（1）要件定義の重要性

　要件が明確だと仕様変更が少なく、工期遵守率や品質満足度が高くなる、という JUAS の調査結果（図表3.5）がある。

図表 3.5　要件定義の明確度とコスト・工期・品質の関係
出典：文献【7】（P155,P156、P158）のデータをもとに作図

要求仕様の明確度	仕様変更発生率	工期遵守率	品質満足度
非常に明確	小　● 2%	高 84%	高 80%
かなり明確	● 16%	78%	68%
やや曖昧	38%	65%	49%
非常に曖昧	大 70%	低 50%	低 47%

注）「仕様変更発生率」は、大きな変更が発生したプロジェクトの件数比率

（2）要件定義とは…

　「要件定義」は、要求を出してシステムに取り込んでもらう作業、と考えているユーザも少なからずいるかもしれない。「共通フレーム2013」（IPA／SEC 編）（文献【6】）の定義を要約すると、次のようになる。

　　『要求も要件もともに Requirement の訳語である。Requirement は事業目的や業務目的に照らして「本当に必要か」が十分検討され、「どうなれば要求が満たされたことになるのか」を示す手段まではっきり

しており、曖昧性のない形式で書かれたものでなければならない。これに対して、要求／要件以前のステークホルダーの意図、要望、思いなどを「ニーズ」と呼ぶ。』

　SIプロジェクトにおける要件定義は、利用者や経営者のニーズを踏まえて、ビジネス・ルール（業務ルール）を定める作業、と考えるべきである。ビジネス・ルールとは、その業務の運用を定義したもので、会社の規則又はマニュアル、もしくはそのベースになるものである。このように定義すれば、システム構築で最も重要なのに忘れがちになる例外処理や障害時対応なども自然と視界に入ってくる。ひとりよがりのニーズ（要望）を多少なりとも抑える効果もあるかもしれない。また、Ｖ字型開発で要件定義の対になる運用試験の設計もやりやすくなる。
要件定義（＝ビジネス・ルール定義）では、次のようなことを決める。

・業務フロー、業務処理の定義…例外処理も含めて、人が作業することと、システムが実行することの両方を定義する。
・主要データの流れとデータ項目の定義
・非機能要件（性能、信頼性、セキュリティ、拡張性、保守性、他）
・移行要件（既存システムからの移行がある場合）

（3）システム設計とは…

　要件定義で決めたビジネス・ルールをコア（中核）とすると、システム設計で決めるのはその周辺にある画面や帳票などシステムの利用者インタフェース、他システムインタフェース、バッチ処理や複雑な機能のアルゴリズム、それらの前提となるデータの論理構造を設計する作業である。また、データベースの論理構造、非機能要件の詳細、既存システムからの移行がある場合は、その移行方式も設計する。

　システムで実行する処理の多くは、入出力仕様とデータベース仕様が決まればプログラムの処理手順が推察できる。しかし、複雑なデータ処理を

伴う機能は、どういう方式で処理するかを決めないと、実現の可能性を保
証できなかったり、仕様が曖昧になったり、プログラマーが正しくプログ
ラムを作れなかったりする。このような機能については、アルゴリズム
（実現方式）を設計する。アルゴリズムはユーザも理解できるように、日
常使う言葉で記述する。

図表 3.6　要件定義／システム設計で決めること

要件定義	ビジネス・ルール（業務ルール） （業務フロー、業務処理内容）					データベース（概念）	非機能要件（概要）	移行要件
システム設計	画面仕様	帳票仕様	他システムインタフェース	バッチ処理	アルゴリズム	データベース（論理）	非機能要件（詳細）	移行設計

システム設計の成果物であるシステム仕様書は、次のような目的を持っ
ているシステム構築で最も重要な文書である。

・ユーザとのシステム仕様（機能要件、非機能要件）の合意

・プログラマーなど、下流工程の担当者への仕様伝達

・システム保守のためのドキュメント

（4）ソフトウェア設計とは…

ソフトウェア設計はソフトウェアの構造を設計する工程である。具体的
には、ソフトウェア全体のアーキテクチャ、プログラム構成、共通モ
ジュールの切り出し、データベースの物理構造、OS やミドルウェアの設
定方法、エラー処理やリカバリー処理方式、セキュリティ対策、等々であ
る。過去に類似したシステムがあり、それと同じアーキテクチャを採用す
るのであれば、多くを流用することができる。改良開発ではこの工程は不
要になることもある。

この工程を「詳細設計」と呼んで画面・帳票の詳細仕様などを設計しているケースも散見されるが、画面帳票仕様は外部仕様としてユーザと合意すべきものであり、フロント・ローディング（上流工程に負荷をかける）の考え方からも、システム設計（基本設計と呼ぶ企業もある）ですべての外部仕様を決めるべきである。

（5）要件定義・システム設計の計画

要件定義・システム設計は、ユーザの利用者と開発者、又はユーザとベンダの協同作業になるので、どのような方法で進めるかをあらかじめ決めておく。

・要件定義やシステム設計の実施手順と担当
・要件定義書、システム仕様書の記述内容・様式
・複数のチームで検討する場合、各チームの検討範囲を特定
・その他プロジェクトにより必要な事項

ユーザとベンダ間で互いのやり方がわかっているときは、そのプロジェクト特有のことだけを決めればよい。新規にお付き合いするユーザ、ベンダの場合は、文書で確認しておいた方がよい。やり方の違いが、生産性に影響を及ぼす場合も少なくないので、商談段階で確認しておくことが望ましい。

第3章　プロジェクトの計画

余談5　仕様書の書き方に関する事例

事例1：

　30年近く前、機能仕様書の書き方で紛糾した大規模プロジェクトがあった。当時のSEには、要件定義書レベルの文書しか作らず、それでプログラムを作って、細かいところは「現場合わせ」つまり、ユーザに使ってもらって微調整する、というやり方をしている者がいた。このプロジェクトのユーザは、詳細な機能仕様書を作ることを要求したが、SEは「そんなものを作ったら、コストも納期も超過する」と言って膠着状態になっていた。

　結局、1ケ月ほど協議して仕様書の様式を決め、作成することにした。本稼働は当初計画から4ケ月ほど遅れ、コストも超過したが、大きなトラブルもなく稼働した。

事例2：

　そのプロジェクトは超短納期の大規模プロジェクトだった。ベンダはオフショアの要員を大量に動員して外部仕様書を作成したが、日本語として意味をなさない文章がいたるところにあり、ユーザが承認できるレベルではなかった。結局、外部仕様書は承認できず、かわりにシステム試験の試験仕様書を承認することでプログラムを製作することになった。

　できあがったプログラムには不具合が多く、結局、当初計画の納期から半年ほど遅れて何とか本稼働にこぎつけた。

事例3

　アメリカのあるソフト開発会社では、少人数で開発の場合、仕様書はメモ程度のものしか作らないかわりに、保守用のドキュメントをしっかり作る、とのこと。

45

（6）シンプルな設計にするコツ

　システムやソフトウェアの複雑度を決める要素は、データ項目の数（注．データ件数ではない）と判断分岐の数である。どうしても必要なデータや判断分岐は当然あるが、設計により減らすことができるものもたくさんある。無駄なデータや判断分岐を減らすことがシステムやソフトウェアをシンプルにするコツでもある。

　a）判断分岐を減らす

　　〈例題〉：Yが0のとき、X＝1であれば処理Aを実行し、Yが1でX＝1ならば処理Bを実行、それ以外はエラーとする。

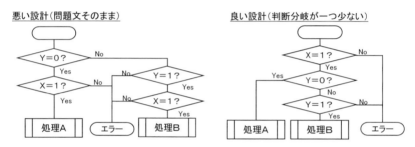

　b）中間データを減らす

　　〈例題〉：繰り返し処理の初回は処理Aと処理Bを実行し、2回目以降は処理Bのみを実行する。

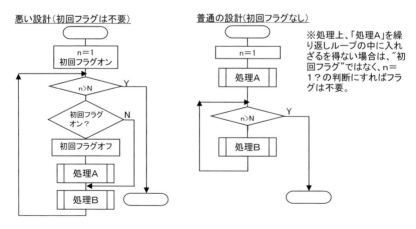

第3章　プロジェクトの計画

3.2.2　要件定義とシステム設計の例

　この例の「要件定義」は、文献【18】に掲載の問題をアレンジして作成し、システム設計を筆者が行ったものである。

□ **要件定義**

◇システム名：Ｓ社向け利益管理システム

◇ユーザ概要：Ｓ社は首都圏に50店舗を展開する中堅の総合スーパーで、食品、衣料品、日用雑貨などを販売している。

◇開発の目的：従来、店舗単位での利益管理は行われていたが、店舗内部門別の利益管理を行うことにより利益管理を強化し、損益の改善を図る。

◇システム要件；

（1）部門損益、店舗損益、全社損益の計算方法

　　部門損益＝売上額－仕入原価－経費

　　　　　　経費＝（部門経費＋店舗経費＊＋全社経費＊）

　　店舗損益＝Σ部門損益

　　全社損益＝Σ店舗損益

　　＊店舗経費、全社経費は（2）に記載の基準により部門に配賦する

（2）経費配賦方法

費用分類	発生区分	配賦基準	配賦方法
販売員人件費	部門	なし	部門実績を該当部門に直課
物流費用	部門	なし	部門実績を該当部門に直課
売場家賃	店舗	売場面積	部門の売場面積に応じて配賦
水道光熱費	店舗	売場面積	部門の売場面積に応じて配賦
駐車場賃料	店舗	客数	部門の客数に応じて配賦
店舗管理費用	店舗	売上額	部門の売上実績に応じて配賦
広告宣伝費	全社	客数	部門の客数に応じて配賦
本社費用	全社	売上額	部門の売上実績に応じて配賦

（1/3）

(3) 配賦基準データの算出

①売上額：他システムより送られてくる「売上実績ファイル」の売上金額から集計する。

②客数：実際に店舗を訪れた客数を測定するのは困難なので、レシート枚数を客数とする。

③売場面積：他システムより店舗別、部門別の面積が提供される。部門には非売場部門も含まれる。

(4) 関連データの受信

毎月の会計処理終了後、当月分のデータとして次のデータを受信する。受信終了後、本システムが動作する。

①売上実績ファイル：年月日、店舗番号、部門番号、レシート番号、商品コード、売上数量、売上金額、仕入単価

②費用実績ファイル：年月、費用分類コード、店舗番号、部門番号、費用実績額

③部門別面積ファイル：年月、店舗番号、部門番号、面積

売上金額、仕入単価、費用実績額は、いずれも円単位で12桁である。

(5) コード体系

①店舗番号：店舗を特定する3桁の数字

②部門番号：店舗内の部門（生鮮食品、加工食品、衣料品、日用品、店舗事務部門、等）を特定する3桁の数字。最上位1桁が0（ゼロ）のときは、非売場部門、それ以外は売場部門

③レシート番号：POSから送られてくる9桁の数字

④商品コード：POSから送られてくる13桁の数字

⑤費用分類コード：会計システムが使っている3桁の数字

第3章　プロジェクトの計画

（6）結果の出力

以下のデータを部門別利益ファイルとして出力する。部門損益を計算するのは売場部門だけである。

年月、店舗番号、部門番号、売上額、仕入原価、部門経費、店舗経費、全社経費、部門損益

店舗損益は部門番号999、全社損益は店舗番号999で出力する。

（7）その他の要件

・将来、費用分類が増加したり、配賦基準を変更したりする可能性があるため、それらに柔軟に対応できるシステムにすること。

・本システム内には、上記配賦基準を設定するマスタ以外のマスタファイルは保有しない。（運用の簡略化のため）

(3/3)

□ システム設計

◇ ER図

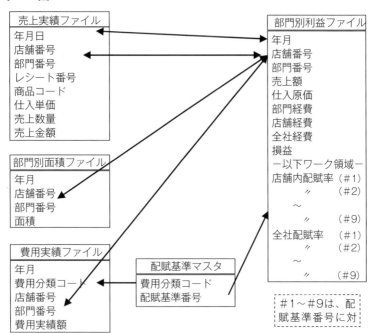

(注1) 配賦基準番号は費用分類コードごとの配賦基準を示す。基準番号4以降を追加する場合は、プログラムの改修が必要である。
　　0：配賦なし、1：売上額、2：客数、3：面積、4～9：将来用
その費用が部門経費／店舗経費／全社経費のいずれかは、費用実績ファイルの店舗番号と部門番号から決定する（決定方法は機能仕様を参照）。理由は、マスタメンテの手間を省くためと、マスタで店舗経費となっているのに、費用実績ファイルに対応する店舗番号が入っていない、というような不整合を避けるためである。

(注2) 部門別利益ファイルには、店舗番号と部門番号の組合せにより、部門／店舗／全社の3種類のレコードがあり、それぞれの売上や損益がセットされる。
全社レコード：店舗番号＝999
店舗レコード：店舗番号≠999、部門番号＝999
部門レコード：店舗番号≠999、部門番号≠999

(1/5)

第3章　プロジェクトの計画

　　　部門レコードは、売上実績ファイル、部門別面積ファイルの両方又はどちらかにある部門が計算対象になる。両方とも無い部門は計算対象外である。
・売上実績ファイル"有"、部門別面積ファイル"無"（ネットショッピングなどの部門）；
→売上実績は設定されるが、売場面積はゼロ（配賦基準が売場面積の費用は配賦されない）として扱う。
・売上実績ファイル"無"、部門別面積ファイル"有"（改装などで休止中の部門）；
→売上実績はゼロ、面積は設定され、配賦基準が売場面積の費用は配賦されて部門損益も赤字で計算される。

◇機能仕様
１．処理年月の決定
　この処理は、月初に前月分の計算を実行する。処理対象の年月はこの処理を実行する時点のシステム日付から決定する。
２．売上・仕入原価等の集計
（１）売上額・仕入原価・客数の集計
　売上実績ファイルの以下両方を満足するレコードのデータを集計し、部門別利益ファイルにレコードを追加する。同一キーのレコードが存在したときは更新する。

・年月＝処理対象年月　＆　・部門番号≧100（売場部門）

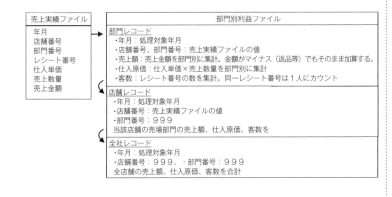

(2/5)

（2）売場面積の集計

部門別面積ファイルの以下両方を満足するレコードを処理し、部門別利益ファイルを更新する。

・年月＝処理対象年月　＆　部門番号≧100（売場部門）

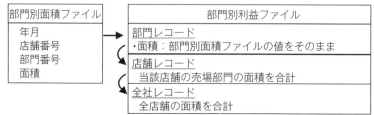

3．配賦率の算出

配賦基準番号ごとに店舗経費、全社経費の部門・店舗への配賦率を求め、部門別利益ファイルのワーク領域に設定する。

配賦率は、小数点以下5桁を四捨五入して小数点以下4桁まで求める。

> 理由：経費を配賦率により部門に配賦すると、配賦した経費の合計と配賦前の経費が一致せず端数が出ることがある。本システムでは、配賦率の精度を高くして、端数の値を十分に小さくした上で、端数は店舗又は全社で吸収する仕様とした。

４．部門費用の計算

費用実績ファイルの全レコードについて下記手順により、費用実績額を部門別店舗別に割り振る。

①費用区分の決定

費用実績ファイルの店舗番号、部門番号により、費用区分（全社経費／店舗経費／部門経費）を決定する。

		店舗番号	
		＝999	≠999
部門番号	＝999	全社経費	店舗経費
	≠999		部門経費

②配賦率の決定

費用区分が全社経費又は店舗経費の場合、配賦基準マスタから配賦基準番号を求め、該当する部門別利益ファイルのワーク領域にある配賦率を参照して店舗内配賦率と全社配賦率を求める。

配賦基準番号がゼロのとき、全社経費は全社レコードのみ、店舗経費は店舗レコードと全社レコードに費用全額を加算する。

なお、費用実績ファイルの部門番号＋店舗番号又は店舗番号が部門別利益ファイルに存在しない場合、③以降の処理は行わない。

⇒売場以外の部門の費用実績や存在しない店舗（例．配送センター）などの費用実績があった場合は処理対象外にする。

③経費集計（部門レコード、店舗レコード）

費用実績ファイルの店舗番号、部門番号に対応する部門別利益ファイルのレコードを以下により更新する。更新するのは部門レコードと店舗レコードで両レコードとも同じ手順で処理する。

・部門経費のとき：費用実績全額を該当部門の部門経費に加算

・店舗経費のとき：費用実績額×店舗配賦率　を該当部門（又は店

舗)の店舗経費に加算
・全社経費のとき:費用実績額×全社配賦率 を該当部門(又は店舗)の全社経費に加算

④経費集計(全社レコード)

費用実績ファイルの費用実績全額を全社レコードの部門経費、店舗経費、全社経費に加算する。

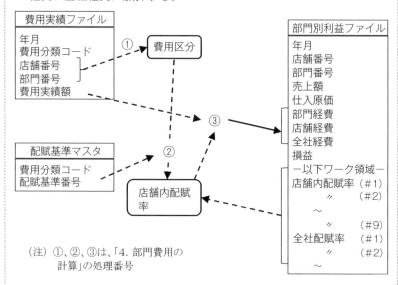

(注)①、②、③は、「4.部門費用の計算」の処理番号

5．部門損益の計算

部門別利益ファイルの全レコードについて、損益を計算する。部門損益、店舗損益、全社損益ともに以下の式から求める。

　　損益＝売上額―仕入額―(部門経費＋店舗経費＋全社経費)

第3章　プロジェクトの計画

□ まとめ

この事例の要件定義書は、詳細に記述されている方であるが、それでもシステム設計（＝実現方式の設計）をしてみないとわからない次のような仕様が隠されている。また、システム設計の例では、機能を単純化して品質や生産性を上げる工夫もしている。この例で記述したシステム設計は細かすぎる、と思わずにシステム設計とはここまでやらねばならぬものだ、と理解して欲しい。

①端数処理…機能仕様3. に記載。

この設計では、配賦率の精度を高くして、端数を店舗や全社に算入する仕様にしたが、試験するまでこの問題に気がつかなかったとき、改修にはかなりの手間がかかる。

②計算対象となる部門の特定…ER図（注2）に記載

売場を持たない部門や一時的に販売を中止している部門への対応も気がつかないことがある。

③配賦基準の変更に対する限界の明示…ER図（注1）

要件定義「(7) その他の要件」に記載の要件に対応できる範囲を明確にした。こうした要件の内容でもめることもある。

④ファイル間の論理的不整合などへの対応

・部門別利益計算を月に2度以上実行してしまった場合は、あとで実行した結果を上書きする。（機能仕様2.（1））

・店舗経費なのに店舗番号がセットされていないというようなことは絶対にない仕様とした（ER図（注1））

・費用実績に期待しないデータ（売場以外の部門のデータなど）が入っていた時は無視。今回、要件になかったので無視としたが、こうした費用がどのように扱われるかはユーザに確認した方がよい。（機能仕様4.②）

(1/2)

⑤製作の効率化など

・機能仕様４.③で経費を集計するとき、店舗内配賦率を1.0000に設定しておくことにより、部門レコードと店舗レコードを区別せずに処理できる。端数も特別な処理をせずに店舗や全社で吸収することになる。

・今回は配賦率を部門別利益ファイルのワーク領域にセットするようにしたが、別ファイルにする方法もある。別ファイルにすると配賦率計算の独立性を確保できるが、性能がやや落ちる。また、ワーク領域にあると計算結果に問題があったとき、解析がしやすい。

余談6　すばらしい「要件定義書」

　余談２に記載した「実験室の自動化支援システム」のユーザから提示された「要件定義書」は、今でも印象に残っているすばらしいドキュメントだった。その資料はひとつの機能がＡ３の紙１枚にまとめられ、文章はほとんどなく図と表だけで書かれていた。一見、これは何だ？　と思うが、じっくり見ているとそこには必要なことが実に簡潔にかつ明確に書かれているのである。しかも、一つの機能が俯瞰でき、それぞれの機能を独立して考えられるので頭の中が整理しやすい。この資料を作成した方は、コンピュータやシステムのプロではなく、別の分野のドクターだった。

　著者がやったことは、自分の頭の中に詳しい実現方式を描きながら、その資料を普通の人がわかるように「翻訳」する作業であった。Ａ３一枚で書かれたものは、Ａ４で10〜20枚にもなった。

　あるとき「○○をやりたいけどできますか？」と質問を受けた。それに対して私は、「それは…直感ですが、やらない方が良いと思います」と回答、するとその方は「あなたがそう言うのなら、やめましょう」と言ってくれた。それだけ信頼してもらえたことがどんなに嬉しかったことか…

　このシステムはユーザにとってもベンダにとっても初めてのシステムだったが、実際にシステムを使う現場の方には喜んでいただけた。

第3章　プロジェクトの計画

余談7　完璧なクラス設計

　そのシステムは開発規模が400万ステップもある巨大システムだった。クラス設計を担当したSEは非常に優秀なSEで、24hr365日、システムのことばかり考えつづけ、一人で400万ステップのシステムのクラス設計を完成させた。重複がない完璧な設計で、ほとんどのカスタマイズをソースコードの修正なしに実現することができるようになっていた。しかし、残念なことにその設計を生かしてカスタマイズできるSEは一人もいなかった。なぜなら、そのクラス構造は難しすぎて設計者以外に扱える者がいなかったからである。

　完璧な設計も良いが、わかりやすさを考慮して冗長性を持たせる設計も必要なのである。

余談8　設計のプロとは…

　友人の建築設計士が、「建築の設計はやればやるほどよくなるので、どこで手を打つかいつも悩む」と話していた。システムの設計も同じ。アマチュアは、基準の2倍の工数をかけて、ようやく一人前の設計ができる。プロは、基準の工数内でユーザが納得する設計ができ、トップ・プロは、同じ工数でユーザが満足する設計ができる。より上位の設計者になるには、良い設計の方法を考え続けることである。

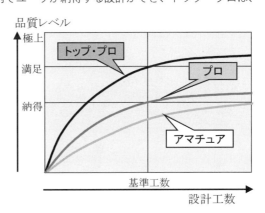

3.2.3 仕様管理

仕様管理とは、ユーザ、ベンダ、ソフト開発会社などの間で、仕様の照会・確認、変更、連絡などを一元的に管理するしくみである。仕様に関するこれらの事項は、「仕様連絡書」のような一件一葉の文書により行うことが望ましいが、小さなプロジェクトでは仕様管理台帳のような一覧表形式の文書で行ってもよい。

これらの文書は、あらかじめ決められた仕様管理者が一元的に管理する。仕様管理者は、システム全体の仕様を見渡し、変更に関する判断ができる設計リーダー又は PL が担当する。

仕様管理の運用方法は、組織が既定のものを用意し、それをもとに各プロジェクトがカスタマイズする方式が望ましいが、過去のプロジェクトで作成したものを改訂しながら、使って行く方法もある。

図表 3.7　仕様管理の運用例

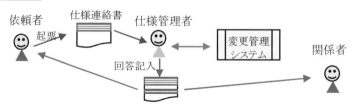

第3章　プロジェクトの計画

余談9　結果と経緯の文書化

こんな経験ありませんか？

・プログラムを改修したいが、他への影響が不安

・ここは、○○さんしかわからない

・ユーザから「この仕様はおかしい」と言われたが、どうしてそういう
　仕様になっているのかわからず反論できなかった

　もし、そういう結果（要件、仕様など）にした経緯、理由が明確になっ
ていたら、上記のような問題を解決できる可能性が高くなる。

　中規模以上のシステムでは、システムの中核になる重要な要件や仕様が
２～３つは必ずある。それらについて、結果に至る検討経緯や理由を要件
定義書や仕様書本文に記載しておく。（議事録などへの記載だと見落とした
り、紛失したりする）

　あるプロジェクトでは、EXCEL で仕様書を作成し、仕様が書かれてい
る右側にレビュー会での指摘事項などをすべて記入することにより、決定
経緯を記録していた。これだと、議事録も兼ねるので、一石二鳥の効果が
ある。

3.2.4 構成管理

構成管理の目的は、システムを構成する要素（仕様書、プログラムなど）を特定し、変更に対する整合性、追跡可能性を確立し、維持することである。構成管理には次のような機能があり、プロジェクト計画時に各機能の実施方法などを策定する。また、構成管理の担当者も決める。

（1）構成要素の特定

構成管理の対象になる文書やプログラム・モジュールの範囲を決め、それらを管理する台帳類を整備する。

（2）保管方法の制定

構成管理の対象になる文書やプログラム・モジュールの保管場所や管理方法を定める。

（3）変更履歴管理

下図のように、仕様書やプログラム・モジュール単体の変更履歴を管理する「バージョン管理」と、システム全体を横通しでみる「ベースライン管理」の2つの視点で管理する。変更履歴には仕様変更によるものだけでなく、改善や誤りの修正による改訂なども含まれる。

図表3.8　バージョン管理とベースライン管理

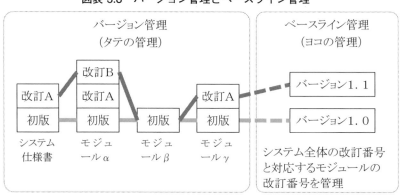

第3章　プロジェクトの計画

プロジェクト計画時には次のようなことを決める。

・改訂履歴管理をいつから始めるか。例えば、システム仕様書はユーザの承認後、プログラム・モジュールは単体試験完了後。

・文書やモジュールの改訂履歴の記入法、改訂番号のふり方など。

・モジュール集積方法やリリース方法など。小さなシステムや改訂頻度が少ないシステムの場合は、最新版、前回リリース版・・・などのいわゆる世代管理で実施することもある。

・構成管理にはツールを使うことが多い。使用するツールとその運用方法なども決める。

（4）構成監査

　構成管理者は、システム試験開始、本稼働前など、あらかじめ決められたタイミングで以下のような内容について監査する。

・改訂履歴が正しく更新されているか。

・台帳類に記載されている文書やモジュールがすべて所定の場所に正しいバージョンで登録されているか。

・登録されているモジュールに対してウィルス感染のチェックが行われているか。

・登録されているモジュールやデータに個人情報や機密情報などが含まれていないか。

・過去のバージョン（世代）への復元ができるか

・その他

3.3 コスト見積りとコスト計画

3.3.1 見積りとプロジェクト管理

　通常、見積りはプロジェクトが開始される前に行われる。ユーザの場合は新システムの企画書や構想書、ベンダが見積もる場合はユーザからのRFP（Request For Proposal）などをもとに見積もることになる。見積り作業は、これらの入力情報からシステムの内容やプロジェクトの作業イメージを頭の中で描きつつ行われるはずである。

　それは、のちに作成するプロジェクト計画の原型になるもので、プロジェクトの監視・制御をするときのベースラインになり、さらにはプロジェクト完了時の予実分析で問題点を定量的に把握し、プロセスの改善や見積り精度の向上に寄与する。

図表 3.9　見積りとプロジェクト管理

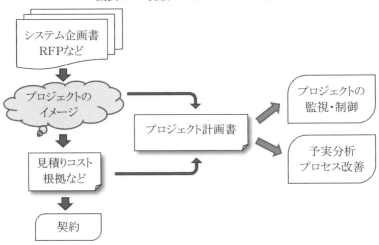

　見積りで最も重要なのはその根拠を明確にすることである。見積もった結果に対して説明責任を果たすためにも、プロジェクト管理のベースラインとして用いるためにも、見積り根拠は重要である。

第3章　プロジェクトの計画

3.3.2　見積りの時期と種類

　下図は、注文住宅を建築する場合のプロセスと比較したものである。

（1）参考見積り

　新システムのシステム構想がまとまった段階でおおよその費用を把握するために行う。この段階では、具体的なシステムイメージは描けていないので、過去の類似システムの実績などから類推するか、判明している情報から見積り根拠を設定して見積る。

（2）概算見積り

　要件定義が完了し、新システムの骨格が決まった時点で行う。要件定義が明確であれば、ある程度信頼性のある見積りになる。

（3）正式見積り

　システム設計が完了し、すべての外部仕様が決定した時点で行う。この時点でベースラインとして使うことのできる見積りになる。

図表 3.10　SI と建築の上流プロセス比較

―― システム構築の場合 ――　　　　―― 建築の場合 ――

システム構築の場合	建築の場合
システム企画 　システムの概略要件	・敷地の条件 ・建物のイメージ
参考見積り	超概算＝坪単価×坪数
要件定義 　業務ルールの決定	・間取り図の決定 ・建物の外観図
概算見積り	見積書（暫定）
システム設計 　画面・帳票・バッチ・データ等の詳細仕様	設備仕様詳細の決定 　壁・窓・床・浴室・キッチン・ドア・コンセント・・・
正式見積り	見積書（最終）

63

（4）変更見積り

　正式見積り後に要件や仕様の変更があったときの見積りである。見積りの前提は、正式見積りと同等かそれ以上に詳しくなる。

3.3.3 見積り技法

　システムやソフトウェアの見積り技法には、次のようなものがある。

（1）類推見積り

　過去の事例や経緯から類推して見積る方法。類似の事例がある場合は一定の精度が得られるが、類似の事例がない場合や類似の度合いが評価できない場合は、カンだけに頼った見積りになる。

（2）係数モデル見積り

　システムの構築規模を定量的に表現する指標で算出し、その指標に係数を掛けて工数を求める方法。指標には、ソースコード行数、ファンクション・ポイント（FP）数、ユースケース・ポイント数などがある。

　係数モデルの利点は、指標により見積りの根拠となった構築規模を関係者で共有できること、品質や生産性の指標を他プロジェクトと比較しやすいこと、などがある。

　FP は標準的な測定方法が確立しており、業界の品質・生産性データなどもある。ソースコード行数は業界のデータはあるが、見積り方法に標準的なものはない。システムの機能をプログラムレベルまで分解し、ひとつひとつのプログラムの行数を見積もって積み上げるしかないが、もっと大雑把な単位で見積ってしまうことも少なくない。

　いずれの指標を使う場合も、規模から工数を求めるときの係数が問題になる。規模と工数は一つの係数で一意に決まる関係ではなく、システムの大きさ、難易度、要員のスキルなどによって変化する。これらを補正する方法も開発されているが、広く普及しているという状況ではない。自部門の実績データを蓄積・分析して係数を設定するのが、最も精度が高くなる

第3章　プロジェクトの計画

方法だろう。

（3）積上げ見積り

　作業を小さな要素に分解し、その要素単位で工数を見積もって積み上げる。要件や仕様が明確になっていない場合は前提をつけて見積もる。他の見積り法に比べて、手間はかかるが、精度は最も高い。

（4）プライス・トゥー・ウィン（Price to Win）法

　プロジェクト予算を獲得するため、競合ベンダに勝つため、等を優先し、実際にいくらかかるかを無視した見積り方法。

　ただし、目標コストを定め、それを達成するために実現可能なコスト削減策を考えることは、当然のことであるし、見積りをする SE に常に求められる姿勢でもある。

　見積りは、上記（1）～（3）の方法のうち、2つ以上の方法で行いその差異を検討した上で、見積額を決定する。見積りの種類と見積り技法の選択案を示す。これらの選択枝は組織のルールとして規定しておくことが望ましい。

図表 3.11　見積り技法の適用例

		見積り技法		
		類推見積り	係数モデル	積上げ見積り
種類	参考見積り	○	○	
	概算見積り		○	○
	積上げ見積り		○	○

65

3.3.4　リスク・コンティンジェンシーの見積り

　リスク・コンティンジェンシーとは、目標コストを超過してしまうリスクを組織が受容できるレベルまで低減するため、見積りに上乗せする予備費である。予備費を外出しする習慣がなかった頃、「お前、予備費はどのくらい見込んでいるんだ…10％くらいです…そうか、それならよい」と確認する営業出身の事業責任者がいたが、外出しする制度を導入したとき、「何だこれは、こんなもん入れたら注文取れない」という営業部長もいた。ギリギリの状態で走り続ければいずれ破たんしてしまうが、一定の余裕を持って走れば完走する確率が高くなるもので、リスクを抱えたプロジェクトでは必須の費用である。

　リスク・コンティンジェンシーの見積り方法には次の3つがある、と言われている。【文献8】

　①優先度の高いリスクについて、対応策に要するコストを見積もる

　②プロジェクトのリスクレベルに応じて、コストに定率を掛ける

　③リスクの大小を考慮した確率計算などにより見積もる。代表的な方法
　　に3点見積り法とモンテカルロ法がある。

この中で③の3点見積り法を使った方法は、計算が簡単でかつ理論的な裏付けがあるので周囲の理解も得やすい。3点見積り法はPERT手法で用いられる方法で、次の式からコンティンジェンシーを求める。

　　期待値＝（楽観値　＋　4×最可能値　＋　悲観値）／6
　　コンティンジェンシー＝期待値—最可能値
　　　・楽観値：すべてがうまくいったときのコスト
　　　・最可能値：最も達成する可能性が高いコスト（通常の見積り値）
　　　・悲観値：リスクが顕在化し、最悪の状態になったときのコスト

第3章 プロジェクトの計画

3点見積り法はβ分布と呼ばれる確率分布にしたがうものとされているので、文献【9】を参考にして、最可能値を1.0、楽観値を0.9、悲観値を1.5～2.5としたときの達成確率のグラフ（図表3.12）を作成してみた。例えば、悲観値1.5のとき、最可能値以内に収まる確率は30％程度だが、コンティンジェンシー0.07を加えた期待値1.07以内に収まる確率はおよそ60％になる。

グラフでわかるように、悲観値が大きい（＝リスクが大きい）ほど、確保すべきコンティンジェンシーも多くなる。

この手法をあるベンダ企業で実プロジェクトに適用してみたところ、計算結果と同じかやや高い達成確率になることが確認された。

図表3.12 3点見積り法による見積額の達成確率

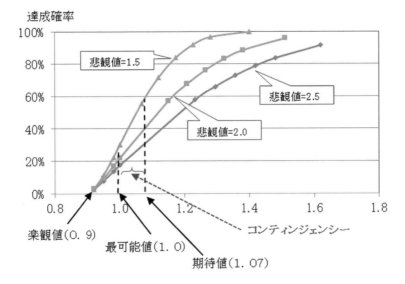

3.3.5 過少見積りの原因と対応

（1）過少見積りの原因

コスト超過の原因を過少見積り（＝見積りミス）と判断するには、見積り根拠がはっきりしていなければならない。見積りミスと言われる状況は次のいずれかだが、比較する根拠がないとどれが原因か判断できない。

①要件の深さやひろがりの読み違え

要件が不正確、要件の理解不足などにより、例外処理や関連機能を見逃したり、処理が複雑になることを想定できなかったりするミス。複数の人で見積りをしたり、その業務に詳しい専門家に評価してもらったりすれば、ある程度防ぐことはできる。

②生産性の見込み違い

システムの規模や複雑さによる生産性の差異を認識できなかったミス。詳細は下記（2）を参照。

③達成確率が著しく低い見積り

ユーザの場合だと「プロジェクトを認許してもらいたい」、ベンダだと「何としても受注したい」、そうした場合に、「うまくいけば…頑張れば…このコストでできるだろう」、と判断して見積ってしまうことがある。これは、3点見積り法の楽観値を最可能値としている状態である。楽観値は、よほどの幸運に恵まれない限り、達成できない値で、ふつう、最可能値の80〜90％になるが、その差10〜20％はよくある誤算——例えば、担当者が未熟で立上げに手間取った、など——のための予備費なのである。

こうした見積りが疑われるときは、見積った者に「すべてがうまくいったら、いくらでできる？」と聞いてみるとよい。

（2）生産性の評価

IPA／SEC編「ソフトウェア開発データ白書2014-2015」（文献【10】）によれば、FPの生産性は、25パーセンタイルで0.057FP／人時に対して75

第3章　プロジェクトの計画

パーセンタイルでは0.186FP／人時、つまり生産性の低いものと高いものの差が３倍以上になる。

　こうした変動が発生する要因には次のようなものが考えられる。

①要件の安定性、明確度

　　要件や仕様の変更が多かったり、行間を読まなければならないような要件だったりすると生産性は悪化する。

②システムの複雑性

　　複雑な機能が多いシステムの生産性は悪い。

③非機能要件（信頼性、性能、拡張性など）

　　高い信頼性を要求されるプロジェクトの生産性は、そうでないプロジェクトより悪い。

図表 3.13　信頼性レベルと FP 生産性

出典：文献【10】P311

信頼性	単位：FP／人時	
	中央値	平均値
極めて高い／高い	0.093	0.146
中位／低い	0.176	0.215

④工期の厳しさ

　　工期の厳しいプロジェクトは、短期間に大量の要員を投入するので、厳しくないプロジェクトと比べて生産性は悪くなる。（文献【11】）

⑤システム規模

規模の大きいプロジェクトほど生産性は悪い。

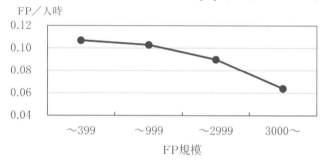

図表 3.14　規模による生産性の変動

出典：文献【10】（P296）のデータよりグラフ化

⑥プロジェクト要員のスキル（経験度合、能力など）

設計の中心になる SE に類似システムの経験がなかったり、PM の管理能力が不十分だったりすると、生産性は悪くなる。

⑦ユーザ（利用者、開発者）の参画度、スキル

ユーザ担当者の関与が大きいプロジェクトの基本設計（システム設計）の生産性は、関与が不十分だったプロジェクトより良い。

図表 3.15　ユーザの要求仕様関与と基本設計の生産性

出典：文献【10】P290

ユーザ担当者の要求仕様関与	単位：FP／人時	
	中央値	平均値
十分に関与	1.331	1.947
概ね関与	1.067	2.449
不十分、又は未関与	0.814	1.975

これらの変動要因を考慮する見積り技法には COCOMO Ⅱ や COBRA

法があるが、いずれも自部門の実績データをもとに係数を設定する必要がある。

（3）構築フェーズ別の予実差異

あるベンダで、設計（システム設計＋ソフトウェア設計）、製作、試験（結合試験＋システム試験）、移行（運用試験〜本稼働）の4フェーズごとに、計画工数と実績工数のバラツキを調べてみた。最もバラツキが大きかったのは移行フェーズで、次に大きいのは設計フェーズ、バラツキが比較的少なかったのが製作フェーズと試験フェーズであった。

移行フェーズは、ユーザの体制や能力により変動する。設計フェーズは、前記（2）に記載した変動要因の影響を受けやすい。製作フェーズや試験フェーズは、設計さえしっかりしていれば、自己完結型の作業になり、前記（2）の変動要因の影響は小さい。

こうした構築フェーズの特徴を踏まえて、製作フェーズと試験フェーズは係数モデル見積りによりシステムの複雑性などを考慮した係数を使って工数を求め、設計フェーズと移行フェーズは積上げ見積りで算出する、という方法もあるのではないだろうか。この方法はまだ実践していないので効果は確認できていない。

余談10　見積り精度

筆者の経験では、再構築の商談で同一レベルのベンダが競合したとき、要件が明確に提示されていれば、見積り額はほとんど変わらない。もちろん、構築方法がベンダにより異なる場合や、小さなベンダとの比較では見積り額も異なる。

しかし、提示された要件が曖昧な場合、既存ベンダの見積りの方が高くなる傾向がある。新規ベンダにはわからない隠れた要件が既存ベンダには見えるからである。ユーザもベンダも、競合との見積り差が大きい場合、要件の精度を点検してみるとよい。

3.3.6　各種構築形態の見積り

これまで述べてきた見積り方法は、新規のスクラッチ開発を想定している。最近のシステム構築は、まったく新規に業務システムを構築することは少なく、新規といえば、再構築でスクラップ＆ビルドのような構築方法をとる場合が多い。かわって、パッケージを活用した構築や既存システムの改造・マイグレーションが増加している。また、アジャイル開発や高生産性ツールを利用したプロジェクトも増えている。以下、そうした構築形態を採用する場合の見積りについて述べる。

（1）改良開発

改良開発とは、母体になる既存のソフトに追加・変更・削除を行う開発である。

追加機能は、母体ソフトとの連携がある新規開発と考えればよいが、変更する機能はプログラムを改造する部分だけでなく、その機能全体の再設計と試験を行わなければならないときもある。また、削除した機能は、関連する機能があればその動作検証が必要にある。

改良開発は積上げ見積り主体の見積りになる。生産性や品質指標算出のため、新規開発に換算したソースコード行数やFPを算出するが、新規への換算比率は勘と経験に依存せざるをえない。

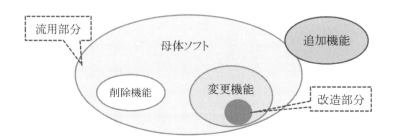

（２）パッケージ活用の構築

業務システム用のパッケージには次の4種類があり、それぞれ構築方法も見積り方法も異なる。

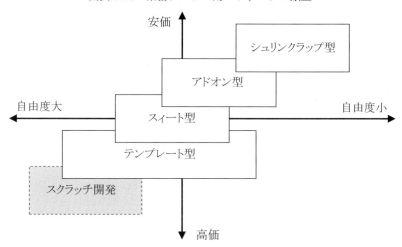

図表 3.16　業務システム用パッケージの類型

①シュリンクラップ型パッケージ

パッケージ本体には手を入れず、パラメータやマスタの設定などでカスタマイズをするタイプ。比較的な小規模なものが多い。導入手順はパッケージ・ベンダにより定められている。標準工数が設定されており、これをもとにユーザの要求に応じて見積もることになる。

②アドオン型パッケージ

パッケージ本体には原則として手を入れず、パラメータやマスタの設定とパッケージ外付けで作成するアドオンソフトによりカスタマイズする。中小規模のみならず大規模システムにも適用される。要件定義に相当するフィット＆ギャップ分析、アドオンソフトの設計・製作、パッケージ本体を含めたシステム試験・運用試験などを行う。初期段階では

類推見積り、要件定義以降は積上げ見積りを使う場合が多いが、アドオンソフトの開発部分には係数モデル見積りを使うこともできる。

③スィート型（部品組立型）パッケージ

アドオン型が標準のビジネス・プロセスを抱えているのに対して、スィート型は業務処理を行う部品ソフトが用意されており、それを組み合せて業務システムを構築する。構築手順及び見積り方法は、アドオン型と同様だが、要件定義や設計のしかたが異なる。

④テンプレート型

パッケージ本体の改修が許されており、パッケージの改修及びアドオンソフトの追加によりカスタマイズを行う。いわば、ソフトウェアの流用である。パッケージを熟知したSEの参画が必須になる。構築手順及び見積り方法はアドオン型やスィート型と同様だが、改良開発の方法で見積ることになる。

（3）アジャイル開発

Web系などビジネス・ルールが単純な場合を除いて、ビジネス・ルールの要件定義・設計・試験は従来の方法で行い、ユーザインターフェースの部分だけをアジャイルで開発する方法が現実的である。

反復開発する部分の見積りは、タイムボックス的に期間と投入要員数から見積もる。アジャイル開発に関するデータは少ないが、ウォーターフォール型開発に比べて10〜30％ほど工数が増加すると言われている。（文献【7】P128）

（4）高速開発ツールを利用した構築

プログラム自動生成ツールなどを利用した構築で、プログラム製作の工数を通常の半分以下に抑えることもでき、試験フェーズの工数も減らせる。設計工数は変わらない。

3.3.7 コスト計上計画とコスト管理計画

コスト計画では、実行計画としてコスト計上計画、管理計画としてコスト管理方法を策定する。

（1）コスト計上計画

プロジェクトの実行時にコスト計上状況を判断するベースライン（基準）になるもので、月・旬・週、などの単位で計上予定額を設定する。工程表と整合がとれていなければならない。特に、EVM（Earned Value Management）を使う場合、ここで設定したコストがPV（Planned Value）になるので、作業の実態に即した数値になっているよう確認する。

注．EVM や PV については3.4.6項を参照。EVM は本来コスト管理のツールであるが、日本では進捗管理のツールとして使うことが多いので、工程管理の節で記述している。

図表 3.17　コスト計上計画表の例

単位：百万円	累計	10月	11月	12月	1 月	…
社内加工費	50.0	5.7	5.7	6.8	6.8	…
外注費	70.0	3.6	3.6	4.5	4.5	…
機器費用	30.0	0	10.0	0	15.0	…
経費	10.0	0.5	0.5	0.5	1.0	…
合計	160.0	9.8	19.8	11.8	27.3	…
累計		9.8	29.6	31.4	58.7	…

なお、EVM を工数で算出する場合は工数の計上計画も策定する。また、プロジェクト完了時に工程別又はフェーズ別の予実比較を行えるように工程別又はフェーズ別の工数計画も策定することが望ましい。

（2）コスト管理計画

コスト管理の方法などを決める。また、コスト管理者も決める。

①コスト実績の収集方法と時期

組織が保有している実績収集システムがある場合は、それを利用する。プロジェクト独自の方法で収集する場合は、その方法を規定する。収集周期は通常1ケ月であるが、旬単位、週単位などで収集することもある。収集周期に応じて収集日を決めておく。

②収集データの内容

金額だけか、工数も収集するか、単位（千円／万円、人時／人月など）は何にするか、工程別又はフェーズ別のデータを収集するか、などを決める。プロジェクト全体の工数評価のみならず、工程別／フェーズ別評価を行えば、完了時の問題分析や見積り評価などは精度の高い分析ができる。

③予定コスト見直しの方法

予定コストの見直し時期、超過する見込みとなったときの承認方法、などを決める。あらかじめ組織のルールとして決められている場合はそれに従う。

第3章　プロジェクトの計画

3.4　工程管理計画

工程管理計画におけるアウトプットは、次の2つである。

（1）工程表

プロジェクトの成果物や作業を明確にし、それらのスケジュールを設定して工程表を作成する。3.4.1項〜3.4.3項を参照。

（2）工程管理計画書

進捗管理の方法などを規定し、プロジェクト計画書に組み込む。3.4.4項〜3.4.6項を参照。

3.4.1　スケジュールの設定

（1）段階的詳細化と工程表の種類

プロジェクトのスケジュールは段階的に詳細化される。システム企画の段階では、プロジェクトの開始から本稼働までの概略スジュールが決められ、要件定義が完了した段階では、システム構築の各工程レベルのスケジュールが策定され、各工程の始まる前までにはその工程での詳細な作業計画が設定される。スケジュールを文書化したものを工程表と呼び、その用途により次の3種類がある。

- ・基本工程表；プロジェクトの開始から完了までの主なマイルストーン（要件定義／仕様承認／開発／引き渡し／運用試験／本稼働など）を表したもの。複数のサブシステムがある場合や本稼働が数次に分かれる場合、それらの関係が表現される。プロジェクト全体のスケジュールを理解するために使われる。
- ・総合工程表；構築工程、主要な作業やマイルストーンのスケジュールが記載されたもの。進捗状況が追記され、ステークホル

77

ダーを含めたプロジェクト管理用の資料として利用される。サブシステムが複数あるときは、サブシステムごとに作成することもある。

・詳細工程表：作業がアクティビティまで分解され、1日単位で詳細スケジュールが記載されたもの。主としてプロジェクト内部の管理用に使われる。

小さなプロジェクトでは、基本工程表や詳細工程表が省略されることもある。また、プロジェクト管理ツールのソフトを使えばひとつのワークシートでこれらの工程表を作成できることもある。

（2）基本工程表の作成と標準工期

システム企画の段階で作成するが、要件定義後は総合工程表の要約版として見直しされる。システム企画が完了した時点では、詳細な WBS は作れないので、要求納期と過去の経験などからスケジュールを設定する。

プロジェクトの標準工期は、プロジェクト全体工数の3乗根に比例すると言われている。

$$標準工期（月数）= a \times \sqrt[3]{工数（人月）}$$

JUAS の調査（文献【7】）によれば、a は2.56である。例えば、64人月のプロジェクトの標準工期はおよそ10ケ月になる。

（3）総合工程表と詳細工程表の作成

総合工程表と詳細工程表は粒度が異なるが、作成の手順は同じである。以下に作成手順を示す。

① WBS（Work Breakdown Structure）の作成

WBS の作成方法は3.4.2項に示す。総合工程表では、WBS のレベル4（成果物・業務）のレベルまで、詳細工程表ではそれ以下のレベルの WBS とアクティビティまで展開する。

第3章　プロジェクトの計画

②各タスクの所要期間見積り

　そのタスクの予定工数と投入する要員数の整合がとれるように所要期間を見積もる。例えば、20人日を予定している作業に投入する要員が2人なのに、所要期間が5日では、徹夜作業が続くことになってしまう。

　新たな作業を開始するときは、立ち上がりにかかる時間を見ておく必要がある。

③予備を考慮して各タスクの開始・完了日を決定

　すべてが予定通りにいくことはない。一定の予備期間を必ずみる。予備は各タスクの中に少しずつ入れる方法とどこかにまとめて入れる方法がある。前者は「担当者は工程を厳守する」という性善説にもとづき、後者は作業者を信じない性悪説にもとづく計画になる。

④必要により工期の短縮を検討

　3.4.3項に工期短縮の方法を示す。

　プロジェクト全体の工期を決めるのは、クリティカルパスの長さである。クリティカルパスとは、プロジェクトの開始から終了までをつなぐ遊び時間のない経路（パス）のことをいう。クリティカルパスは、特定の要員がボトルネックになって決まることもあるので、要員に着目した工程計画も重要である。こうした要員は優秀な人材が多く、複数のプロジェクトを掛け持ちで作業しているケースもある。

79

3.4.2 WBS（Work Breakdown Structure）

（1）WBS の例

　WBS はプロジェクトが生成する成果物や実施すべき業務を体系的に表現したものである。各社は、過去の実績などから、標準的な WBS を持っているはずである。

図表 3.18　SI プロジェクトの WBS 例

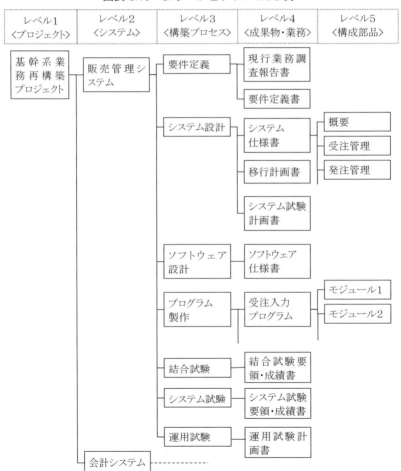

（2）WBS 作成上の注意

① WBS で重要なのは、そのプロジェクトで必要な作業がもれなくリストアップされていることである。プロジェクト管理など、定常的に実施される業務は含めないが、次のような作業は WBS に含める
  ・新製品や技術の評価、プロトタイピング、ツールの開発など
  ・開発環境や試験環境の整備、試験データ作成、研修や訓練など

② WBS の要素（タスク）は管理しやすい単位に設定する。
  ・成果物のない作業だけのタスクは、報告書などで成果が目に見えるようにする。
  ・WBS の最下位レベルにある要素（タスク）はワークパッケージと呼ばれ、さらにその下位には次のようなアクティビティがある。

図表 3.19　フェーズ別アクティビティの例

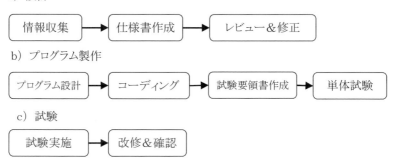

③ 工程の切り替え時や新たな作業の立ち上げ時には漏れやすい作業がある。製作を始めるときのプログラマーへのレクチャ、試験を始める前の環境設定、などである。

④ WBS を構成するすべての要素に対して、担当の責任者がアサインされること。また、EVM(Earned Value Management) を利用するときはワークパッケージ毎に計画工数（PV）を設定する。

⑤ WBS の各要素は、プロジェクトの進行に応じた詳細さでブレイクダウンする。例えば、要件定義完了時点で、システム設計工程は詳細に展開するが、それ以降の工程はわかる範囲まで展開すれば良い。

3.4.3 工期短縮の方法

工期短縮の方法には次のような方法があるが、コストやスコープとのトレードオフとなることもある。

①クラッシング Crashing

要員や資源を追加投入して工程を短縮する。この対策が最も効果的なのはプログラム製作工程である。製作工程は自己完結型の作業なのでプログラマーを追加投入しやすい。試験設備や試験要員を増やして試験工程を短縮することも可能である。設計者の増員は遅れが顕在化してからでは効果がないことが多い。

プロジェクト外部から見ると要員の追加が最も有効な対策に見えることが多いが、ブルックスの法則※『遅れているプロジェクトへの要員追加は遅れを拡大させる』が的中することも少なくない。リスク対策として、途中で要員追加する場合の方法をあらかじめ考えておくと良い。

②ファスト・トラッキング Fast Tracking

順番に行う予定の作業を並行に実行する。例えば、設計が完了した機能から製作を始める、製作の完了したプログラム群から結合試験を始める、など。また、プログラマーの一部を設計レビューに参加させることにより、製作工程の立ち上げ期間を短縮することができる。

ただし、未完了の作業が先行着手した作業に影響を及ぼすリスクがあるので、あらかじめリスク対策を考えておく。

※ブルックスの法則：アメリカのソフトウェア技術者である "Frederick Phillips Brooks, Jr". が、その著書 "The Mythical Man-Month"（日本語版は「人月の神話」）で主張した法則。

③構築プロセスの見直し・効率化

　保守性など一部の要件とトレードオフで構築プロセスの削減、統合などを行う。また、冗長なプロセスがあれば改善する。

例）・一部のドキュメントを簡略化したり、他のドキュメントに統合したりする。

　　・要員の作業場所が分散しているときは、1ケ所に集合させる

3.4.4　工程管理計画

工程を管理する方法などを決める。また、工程管理者も決める。

①作成する工程表

　プロジェクトでどのような工程表を作成するかを決める。

　3.4.1（1）項に記述したように、工程表はその詳細度と用途に応じて3種類ある。総合工程表はどのプロジェクトでも必ず作成するが、小さなプロジェクトでは詳細工程表を文書化する必要がない工程もあるし、基本工程表と総合工程表を統合してしまうこともある。

②進捗管理の方法

　どのような方法で進捗を管理するかを決める。図表3.20は、進捗管理方法のレパートリーの例である。自社で定めている進捗管理方法があれば、それらから選択する。

③進捗管理の周期

　担当者から進捗状況を報告してもらう時期、それを集計して進捗報告を行う時期、などを決める

④進捗異常の判定と対応

　遅れや進み過ぎの異常をどのように判定し、どのように対応するかを決める。判定基準はEVMの指標であるSPIやSVを利用すると良い。異常と判定された場合はまずその原因を追究し、工期の短縮策や最悪は納期の延長などの対策をとることになる。

PMやPLなどプロジェクトの当事者は、状態がかなり悪化するまで、

「何とかなる」と思っていることが多い。早めに手を打つために、プロジェクト外部の者（PMO：Project Management Office）や品証部門など）による判断や現場にいる担当 SE のホンネにも耳を傾ける。

3.4.5　進捗管理の方法

（1）進捗管理方法の種類

進捗を正しく把握するのは意外とむずかしい。要員が少なければ、担当者が何をしているかよくわかるので、「進捗感」もつかみやすいが、要員が多いと担当者によって進捗の見かたがバラバラになり、大幅に遅れているのに少しの遅れだと思ってしまうことがよくある。また、要員が多いと各担当から進捗状況を収集する作業そのものが大きな負担になるので、専門の要員を配置することもある。

本書では、進捗管理の方法を下表のように 3 種類定義し、プロジェクト規模などに応じて最適な方法を選択できるようにしている。

図表 3.20　進捗管理の方法

精度	手間	名称	管理方法
低　↑｜↓　高	小　↑｜↓　大	イナズマ線方式	工程表にイナズマ線で進捗を表示する。手間がかからず、小規模プロジェクトに向いている。
		完了率推定法（簡易 EVM）	WBS の要素毎に所定の基準に基づいて推定した完了率から PV、EV ※を求める。イナズマ線方式で作成した工程表を利用して完了率を設定することもできる。中規模プロジェクトや作業者がやや多い工程では有効な方法である。
		積上げ法（EVM 利用）	WBS の要素をできるだけ小さな作業まで分解し、その作業ごとの PV、EV ※を積み上げて進捗率を算出する。大規模プロジェクトや要員数が多い場合はこの方法が有効である。

※ PV：予定工数、EV：完了分工数　詳細は3.4.6項参照

第3章　プロジェクトの計画

　全工程に対して上記のいずれかの方法を適用しても良いし、工程により管理方法を変えても良い。例えば、要員数が少ない設計工程はイナズマ線又は完了率推定法で行い、要員数が増える製作や試験工程は積上げ法で行う、というやり方もある。

（2）イナズマ線方式

　イナズマ線とは、工程表上の作業項目ごとに進捗に応じて引いた線のことで、進捗状況が視覚的に見えるのでわかりやすく、管理の手間もかからない。イナズマ線を引く代わりに、工程線をバーチャートにして実績を塗りつぶしたり、計画を破線、実績を実線で表現したりする方法もある。

　工程線の全長を完了率100％として、イナズマ線と交わるところが、実績の完了率を表す。下図の「現行システム解析」は7月末時点で80％完了の予定が実績は50％であることを表している。

図表 3.21　イナズマ線のひき方

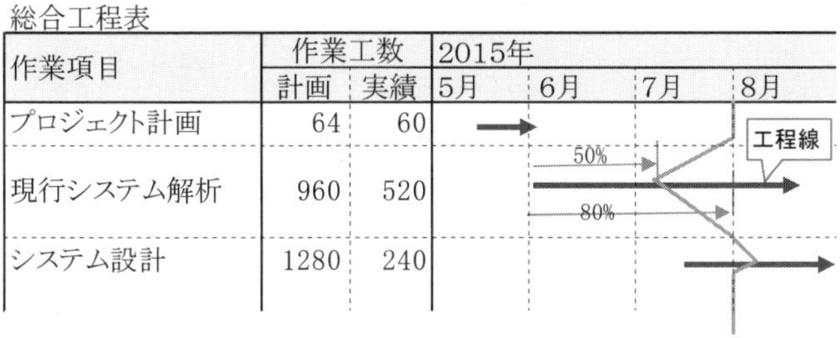

総合工程表

作業項目	作業工数		2015年			
	計画	実績	5月	6月	7月	8月
プロジェクト計画	64	60				
現行システム解析	960	520				
システム設計	1280	240				

イナズマ線による管理では、次のような問題がある。

・作業ごとの進捗は分かりやすいが、プロジェクト全体の進捗率を定量的に把握することはできない。

・作業量が表現できないので、少しの遅れに見えても対策が必要なときがある。逆に大きく遅れていても問題がないときもある。

・実績完了率が報告者のカンに依存するため、進捗状況の判断を誤ることがある。　→　例えば、計画工数100人時の作業を50人時作業し、残りの作業が計画通り50人時で終わる見通しであれば、完了率50％でよいが、残りの作業が70人時かかると見積もった場合、完了率は　50／（50＋70）≒42％である。

要員数の少ないプロジェクトではPMやPLが問題を把握しやすいし、問題が起きたときの対応も易しいのでこの方法で十分である。

（3）完了率推定法（簡易EVM）

この方法はEVMを簡易的に利用する方法である。主要な作業項目や工程の単位で予定と実績の完了率を推定してPVとEVを求める。

イナズマ線による管理と並行して行うこともできる。（EVM及びPV、EV、ACについては3.4.6項を参照）

PV、EV＝計画工数 × その時点の完了率

完了率は以下の方法で求める。

①ページ数、プログラム本数又はソースコード行数、試験項目数などから、その時点での完了率を求める。

例）　完了率＝完了したページ数／全体のページ数

②その作業が完了するまでの残工数を見積り、次の式で計算する。

完了率＝実績工数／（実績工数＋残工数）

いずれの方法も作業に着手したばかりのときは精度を出しにくいが、進捗を定量的に把握することができ、イナズマ線による管理よりは精度が高

第3章　プロジェクトの計画

い。中小規模のプロジェクトや要員数の少ないプロジェクトに向いている。イナズマ線による管理と並行して行うと良い。、

（4）積上げ法（EVM 利用）

　進捗の判断から主観を排除するため、作業をできるだけ小さい単位に分解し、その単位で算出した PV と EV を合計してプロジェクト全体の PV、EV を求める方法である。算出方法にはいくつかあるが、以下に述べる方法は管理が簡単で精度も出しやすい。

　作業要素を 1～10人日（できれば 5 人日以内）のアクティビティに分解し、それぞれのアクティビティの着手時に計上する完了率を決めておく。その時点で実行中のアクティビティの完了率に作業要素全体の計画工数を掛けて PV と EV を算出し、すべての作業要素の PV、EV を合計してプロジェクト全体の PV、EV を求める。

少しわかりにくいので、図表3.22で説明する。

①プログラム製作のアクティビティをコーディング／レビュー／単体試験要領書作成／単体試験、の 4 つのアクティビティに分解する。

②各アクティビティの作業量（工数）をそのプログラムを製作する工数全体の40％／10％／20％／30％と定める。この比率はすべてのプログラムに対して適用するが、特殊なプログラムがあればそのプログラムだけ変更しても良い。

③各アクティビティの着手時に計上する完了率を設定する。完了率は、通常、そのアクティビティ以前の完了率＋自アクティビティの工数比率の半分にする。例えば、レビュー着手時の完了率は、40％＋（10％／2）＝45％にする。なぜか→レビュー中のプログラム製作の完了率は40～49％のどこかになるのだが、複数のプログラム製作作業を合計すると全体の完了率は確率的に中間の45％になる。したがって、作業要素の数（プログラム製作であれば製作するプログラム数）が少ないと精度が出ないので、この方法は小さなプロジェクトでは使わない方

87

がよい。

図表 3.22　アクティビティごとの完了率設定例

	着手				完了
	コーディング	レビュー	試験要領書	単体試験	
工数比率	40%	10%	20%	30%	——
完了率	20%	45%	60%	85%	100%

④各プログラム製作の計画工数にその時点で実行中のアクティビティの完
　了率を掛けて個々のプログラム製作の PV、EV を求め、全プログラム
　分を合計してプログラム製作全体の PV、EV を求める。

各アクティビティが順番に実行されない場合は、アクティビティごとに着
手／完了を報告してもらう。また、アクティビティを小さな単位まで分解
できないときは、「（2）完了率推定法」と同様の方法で算出する。

第3章 プロジェクトの計画

余談11 「〇日遅れ」の意味

進捗状況を『〇日遅れ』のように表現することがある。遅れを取り戻すのに〇日かかる、と理解する人も少なくないが、それは誤りで、正しくは次のいずれかである。

・その時点の進捗になるまであと〇日かかる（方法1）
・その時点の進捗は〇日前に達成しているべき状態（方法2）

〇日遅れとか〇日進みは、EVMではTV（Time Valiance）という指標で、下図のようになるが、各国の規格や標準にないため、ほとんど使われていない。

わかりやすい指標ではあるが、意味を明確にしないと誤解を招くことがあるので注意する。

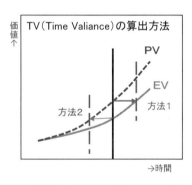

3.4.6 EVM

EVM（Earned Value Management）は、作業の進捗や達成度を"価値"（金額や工数）を尺度として、定量的に測定・分析する手法である。以下の説明では、尺度に工数（人時）を利用している。

（1）EVM の基本指標

図表 3.23　EVM の基本指標

指標	説明
PV（Planned Value） 予定工数	ある時点までに完了予定の作業に対応する予定工数。その作業全体の予定工数にその時点での完了率を掛けたもの。 例えば、100人時の作業のある時点での完了率が50%であれば、その時点での PV は50人時である。
EV（Earned Value） 完了分工数	ある時点までに完了した作業に対応する予定工数。その作業全体の予定工数にその時点での実績完了率を掛けたものになる。 例えば、100人時の作業のある時点での実績完了率が40%であれば、実際にかかった工数とは無関係に EV は40人時になる。
AC（Actual Cost） 実工数	ある時点までに実際に消費した工数。企業が保有する実績収集システムなどから収集するか、プロジェクト特有の方法で実績工数を収集する。
BAC（Budget At Completion） 計画総工数	プロジェクト完了までに必要な総工数の計画値。すべての作業要素の PV を合計した値になる。

（2）EVM の管理指標

図表 3.24　EVM の管理指標

指標	計算式	定義
SPI（Schedule Performance Index） スケジュール効率 （進捗率）	EV／PV	計画に対する進捗実績（出来高）の割合 ＞1：計画より進んでいる ＝0：計画通り ＜1：計画より遅れている
SV（Schedule Valiance） スケジュール差異	EV-PV	進捗実績（出来高）と計画工数の差 ＞0：計画より進んでいる ＝0：計画通り ＜0：計画より遅れている
CPI（Cost Performance Index） コスト効率（作業効率）	EV／AC	進捗実績（出来高）に対する実績工数の割合 ＞1：計画より効率が良い ＝0：計画と同じ効率 ＜1：計画より効率が悪い
CV（Cost Valiance） コスト差異	EV-AC	進捗実績（出来高）と実績工数の差 ＞0：計画より効率が良い ＝0：計画と同じ効率 ＜0：計画より効率が悪い
EAC（Estimate At Completion） 完了時コスト予測	AC＋（BAC-EV）・CPIなど	プロジェクト完了時の総工数予測値。 （計算式は左記以外にもある）
ETC（Estimate To Complete） 残作業コスト予測	EAC-AC	ある時点から完了時までに要する工数
VAC（Valiance At Completion） 完了時コスト差異	BAC-EAC	計画した総工数と完了時総工数の予測値との差

（3）EVM の指標算出例

図表3.25で、「現行システム解析」作業は7月末時点で80％完了の予定だったが、実績は50％完了であった。このときのPVは全予定工数960人時の80％である768人時、EVは同50％の480人時になる。同様にして他の作業項目のPV／EV／ACを求め、全作業を積算したのがプロジェクト全体の指標になる。

7月末時点で完了予定の作業が1024人時分あるのに対して800人時分の作業しか完了しておらず、224人時分の作業が遅れていることになる。（SV＝800－1024＝－224、SPI＝800／1024＝0.78）

一方、実際に投入した工数（AC）は820人時で、作業効率はやや悪いものの、投入工数の少なさが進捗遅れの主因であると判断できる。（CV＝800－820＝－20、CPI＝800／820＝0.98）

BACは、プロジェクト計画からシステム設計までの計画工数の合計2304人時、この作業効率で進んだ場合の完了時コスト予測（EAC）は2355人時（＝820＋（2304－800）÷0.98）である。

図表 3.25　EVM の基本指標算出例

総合工程表

作業項目	作業工数		2015年			
	計画	実績	5月	6月	7月	8月
プロジェクト計画	64	60	→			
現行システム解析	960	520				
システム設計	1280	240				

PV／EV／ACの算出（7月末時点）

作業項目	完了率		PV	EV	AC
	予定	実績			
プロジェクト計画	100%	100%	64	64	60
現行システム解析	80%	50%	768	480	520
システム設計	15%	20%	192	256	240
プロジェクト全体			1024	800	820

第3章　プロジェクトの計画

3.5　品質管理計画

品質管理計画におけるアウトプットは、次の2つである。

（1）品質指標管理表

引き渡し後（又は本稼働後）に検出される誤り件数を主目標として、その目標を達成するために各工程で摘出する誤り件数とその誤りを検出するためのレビュー密度（工数）、試験密度（試験項目数）を計画する。プロジェクト実行時には実績値を記入し、品質を管理する台帳として利用する。3.5.6項、3.5.7項を参照のこと。

（2）品質管理計画書

目標とする品質を確保するために実施する品質施策や品質を管理するための方法などを規定し、プロジェクト計画書に組み込む。
3.5.1項〜3.5.5項を参照

3.5.1　品質管理計画

（1）品質施策

品質を確保するための施策を次の観点で検討し、実行計画に織り込む。施策の検討にあたっては、3.5.2項〜3.5.5項に記載の品質に関する法則、レビューや試験の技法などを参考にすると良い。

・そのプロジェクトで品質の弱点となりそうなところを予測してそこを強化するための施策

・過去の類似プロジェクトで問題になったところの強化

・重点的に品質強化をしなければならない部分への対策

・誤りを減らすのみならず、利用者の満足度を高めるための施策

以下は品質施策の例である。

例1）設計品質を確保するために、仕様書の様式や記述内容、エラー

93

処理方法などを定めた設計基準を制定する。

例2）性能がクリティカルな機能については、プログラムが全部できてから評価するのではなく、方式を評価した上で、作成途中でも評価しながら開発する。

例3）高い品質が要求されるプログラムについては全数、その他のプログラムについてはプログラマーごとに最初の2本目まで、第三者によるコードレビューを義務付ける。

（2）障害管理方法の決定

レビューや試験で検出した障害（誤りのみならず、改良、誤解なども含む）の報告方法と処置状況の管理方法を規定する。

①報告方法：一覧表に各自が記載／1件1葉の所定の用紙で報告／ツールなどを利用して報告／その他

②管理方法：管理項目（障害区分／重大度／作り込み工程、など）、発生報告と処置状況の管理方法、管理者の制定、等

（3）その他の管理方法

必要に応じて次のようなことを規定する。

・レビュー計画（レビュー方式、レビュワー、目的、回数など）

・品質評価の方法、しきい値

・誤りや原因の区分

・品質管理者

3.5.2 ソフトウェアの品質に関する経験的法則

（1）テストの7原則　　　　　　　　　　　　　　　出典：文献【13】

原則1：テストにより、欠陥があることはわかるが、欠陥がないことは示せない。

原則2：全数テスト（入力条件のすべての組合せ）は不可能。

原則3：早く欠陥を見つけるために、テストはソフトウェア開発もしくはシステム開発のライフサイクルのなるべく早い時期に開始すべきである。

原則4：リリース前のテストで見つかる欠陥や運用時の故障の大部分は、ある特定の少数モジュールに集中する。

原則5：同じテストを何度も繰り返すと、最終的にはそのテストでは新しい欠陥を見つけられなくなる。（殺虫剤のパラドックス）

原則6：条件が異なれば、テストの方法も変わる。例えば、高信頼性が必要な24時間稼動するシステムのテストは、信頼性があまり要求されないシステムのテストとは異なる。

原則7：欠陥を見つけて修正しても、構築したシステムが使えなかったり、ユーザの要件や期待を満足したりしなければ役に立たない。（「バグゼロ」の落とし穴）

（2）誤りの修正コストは後工程ほど大きい！

出典：Alan　M Davis 「ソフトウェア開発201の法則」

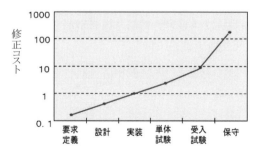

（３）品質目標を設定すると誤りは少なくなる！

出典：文献【7】P87

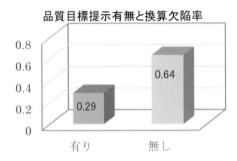

換算欠陥率；
＝換算欠陥数／工数（人月）

換算欠陥数は、ユーザ側総合テストとフォローフェーズにおいて発見した欠陥にその影響度に応じて重みづけしたもの。

（４）誤り検出が多いほど引き渡し後の誤りは多い！

出典：某社の実績データ

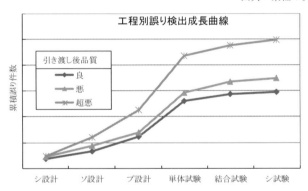

（５）基本設計（システム設計）の誤り検出率が一定率を越えるとプロジェクトは100％失敗する！

基本設計（システム設計）の誤りが300件／KFP以上になったら、設計をやり直すべきである。

出典：文献【15】P100

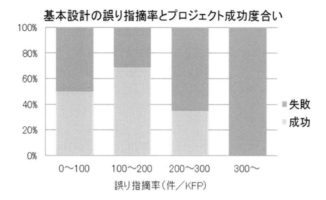

(6) システム試験での誤り検出が多いと、生産性は悪くなり、稼働後障害も多くなる！

結合試験でもシステム試験でも誤り検出が少ないケースが生産性も品質も最も良い。最も悪いのは、結合試験での誤り検出が少なく、システム試験での検出が多いケースである。

試験工程の障害密度と生産性・稼働後障害との関連

出典：文献【16】P122

| 障害密度 ||生産性|稼働後障害|
結合試験	システム試験		
少	少	100%	100%
多	少	81%	201%
少	多	76%	319%
多	多	56%	409%

注）生産性、稼働後障害の数値は、結合試験・システム試験ともに障害密度が平均以下（"少"）のグループを100%としたときの割合を示す。

（7）フロント・ローディング率が高いと品質が良い！

　フロント・ローディングとは、上流工程に負荷を集中して下流工程に入る前に誤りを摘出する活動である。フロント・ローディング率は次の式で計算される。

$$\text{フロント・ローディング率} = \frac{\text{コードレビューまでに検出した誤り数}}{\text{プロジェクトが検出した誤り総数}}$$

　一般にフロント・ローディング率の目標は80％だと言われている。

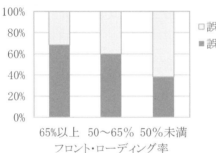

出典：某社の実績データ

（注）タテ軸は引き渡し後に検出された誤りが多い／少ないプロジェクトの件数比率である。
フロント・ローディング率が高いグループは、引き渡し後の誤り検出が少ないプロジェクトの比率が高い

（8）誤りの検出率は、試験よりレビューの方が高い！

　　　　　　　　　　出典：文献【16】（カーネギーメロン大学 W. Humphrey）
　レビューの誤り検出率：50〜80％
　試験の誤り検出率：　　40〜50％
　　　　　誤り検出率＝（検出誤り数／内在誤り数）

（9）高い品質は高い生産性をもたらす！

　　　　　　　　　　　　　　　　　　　　　　　出典：文献【17】

　「どの組織、文化、国家が、品質の良いことで有名か？」と質問したとする。今日ではおそらく大半の人が日本と答えるだろう。別の人々に「どの組織、文化、国家が生産性の高いことで有名か？」と質問したら、やはり、ほとんどの人が日本と答えるはずだ。

3.5.3　レビュー技法

（1）レビューの目的

　レビューの目的は、誤りを除去すること、である。改善の指摘や検討は
レビューとは別の場で行う。誤りとは次のようなものである。

　①抜け：記述すべき仕様が記載されていない

　②曖昧：他人が誤解する可能性がある表現

　③不正：要件とは異なる記述や他の記述との不整合

　④基準違反：設計基準や共通仕様からの逸脱

　誤字・脱字は誤りにカウントしない。また、前工程や他システムの不具
合が原因で誤ったものは、前工程や他システムの誤りとする。

（2）レビューの種類

図表 3.26　レビューの種類（例）

名称		レビュー方法
自己レビュー		作成者自身が机上でチェックする。
ピア・レビュー…仲間によるレビューで下記のような形態がある。		
	インスペクション	他に比べてややフォーマルなレビュー。調整役が役割に応じたメンバーを選定し、会議形式で実施する。
	ウォークスルー	設計担当者が目的を設定し、そのシステムを熟知した人だけでレビューする。
	パス・アラウンド	いわゆる書面レビュー。一方通行になるので、質問の類が多くなるが、他のレビューと組み合わせると効率よくレビューできる。
	アドホックレビュー	「ちょっといいですか」で始まるレビュー。設計担当者やリーダーがメンバーに声をかけて少人数で開催する。
公式レビュー		仲間だけでなく、第三者（管理者、スタッフ、利用者など）も含めて行うレビュー。

（3）レビューでよくある問題
・単純で軽微な誤りしか検出されない
・設計者からレビュワーへの説明会で終わってしまう
・声の大きなレビュワーだけが発言する
・一部のレビュワーが設計者に対する攻撃を繰り返す
・工程の最終局面でレビューが行われるので次工程に進むことが優先されてしまう

このような問題の原因には次のようなものが考えられる。
・スケジュールに追われて形式的なレビューになっている
・レビューの目的や範囲が広すぎる
・レビュワーの選定やレビュー方法が不適切
・そもそもレビューできるレベルになっていない文書

　効率的なレビュー方法を考える前に、レビューの目的は誤りの除去でありそれ以外の議論はしない、作成者の個人攻撃はしない、といった原則をしっかり理解することが大切である。

（4）効率的なレビュー方法
a）レビューの早期開始と段階的実施
　仕様書などが全部完成してからレビューするのではなく、ブロック毎に中間と完了時の最低2回はレビューする。アドホックレビューやウォークスルーのような"軽い"レビューで行うと良い。

図表 3.27　段階的レビュー

b）レビュワーの選定

ウォークスルーやインスペクションのレビュワーはレビュー対象に対して密接な利害関係を持つ者が望ましい。

・レビュー対象機能が関連する他の機能の設計者
・対象機能の後工程（プログラミングや試験など）の担当者
（後工程の立上げを早める効果がある）
・ソフトウェア構造などを担当するアーキテクト
・設計リーダー（PL）、プロジェクト・マネージャー（PM））

レビュワーは対象業務のノウハウを保有していることが望ましいが、業務ノウハウがなくても設計力のある者の方が誤りを見つけやすいこともある。また、再構築などで既存システムを熟知しているSEが少ない場合、そのSEには特定領域の設計をさせずに、レビュワーに専念してもらった方が効率よく活用できる。（○○さんしかわからない、という状況を作らないように配慮する。）

c）初回レビューの重点的実施

担当者が最初に作ったプログラムや仕様書を重点的にレビューすることにより、2本目以降の誤りを大幅に減らすことができる。特に担当者が初心者の場合は効果的である。

図表 3.28 初回レビューの重点実施による誤りの削減

出典：文献【19】

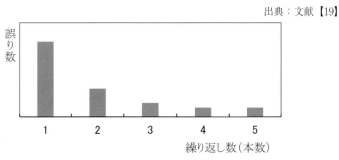

d）書面レビューの活用

　ウォークスルーやインスペクションでは、レビュー対象の文書を事前に
レビュワーに配布して書面レビューを実施してから、ミーティングを開
催すると中身の濃いレビューができる。また、ミーティングでレビュー
できるレベルかどうかも書面レビューで判断できる。

e）その他

　・ミーティングの時間はできれば1時間、最大でも2時間以内にする。
　・代替案の議論などは別の場を設定して行う。
　・誤字脱字など軽微な誤りだけを抽出するレビューを別に実施する。
　・レビューの視点や重点的にレビューしたい箇所をあらかじめレビュ
　　ワーに連絡する。
　・PLや設計リーダーが、「できたとこまでレビューしよう」と声をか
　　けてアドホックレビューをするのも効果的である。

（5）誤りを見つけるコツ　　（注）この項は、文献【20】を参考に編集してある。
　誤りを見つけるコツの裏返しが、作り込まないコツである。

a）文章で記述された"場合分け"に抜けはないか？

　○○の場合は△△を行い、□□の場合は☆☆を行う、といった文章で場
合毎の処理を記載すると、抜けるケースができやすい。表にすれば一目
瞭然でわかるし、試験項目の抽出もしやすい。

　例）「請求締め処理前の伝票は上書き訂正する。締め処理後の前月分の
　　伝票は、同一伝票番号で訂正後の伝票を入力することにより、自動的
　　に赤黒データを生成する。」

　　　→この文章では下表のアミカケ部分が記述されていない。

伝票日付	締め処理前	締め処理後
前々月以前	ありえない（あったときは上書き）	訂正不可(エラー)
前月	上書き訂正	同一伝票番号で再入力
当月	（同上）	（同上）

第3章　プロジェクトの計画

b）フロー図の分岐や処理順序に抜けや不正がないか？
　分岐した先の処理が定義されていなかったり、繰り返しループの終了条件が明確になっていなかったり、手順が入れ替わったときの処置が抜けていたり、などをチェックする。

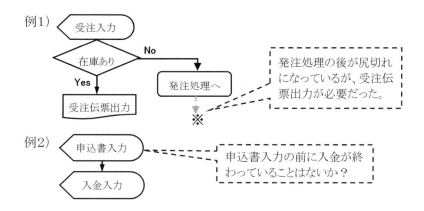

c) 羅列された仕様に抜けはないか？

　下図の例のように羅列された仕様には抜けがあることが多い。箇条書き
で書くのはできれば7件、最大でも10件以内になるよう分類してグルー
プ分けすると問題を見つけやすい。

例)　　　　〈 悪い例 〉　　　　　　　　　〈 見直し後 〉

受注伝票入力	受注伝票入力
・ユーザIDと新規／修正／削除の 　いずれかを選択する。 ・修正／削除の場合は、伝票番号を 　入力する。 ・ヘッダー部に伝票番号、入力者 　名、所属部門を表示する。 ・入力者名、所属部門はユーザID 　からユーザマスタを参照して表示 　する。 ・新規入力の場合、伝票番号は自 　動採番する。 ・修正の場合、顧客名は修正でき 　る。 ・明細欄には商品コード、個数、価 　格、納期を表示する。 ・新規の場合はいずれも空欄とす 　る。 ・明細は最大20件入力できる。 ・明細が20件を超えるときは、次の 　ページに表示する。 ・・・・・・・・・・・	(1)ユーザID入力 　・ユーザIDを入力する 　・新規／修正／削除のいずれかを 　　選択する。 　・修正／削除の場合は、伝票番号を 　　入力する。 　　・マスタに未登録のユーザIDが入力 　　　された場合はエラーメッセージを表 　　　示する。 (2)新規入力(ヘッダー部表示) 　・ユーザIDからユーザマスタを 　　参照して入力者名、所属部門 　　を表示する。 　・伝票番号を採番して表示する (3)新規入力(明細入力) 　・・・・・・ 　・・・・・・ 　　　　　　　　　抜けていた処理

第3章　プロジェクトの計画

d）データのバリエーションが考慮されているか？

例）

顧客マスタ
顧客コード 顧客名 住所 …

商品マスタ
商品コード 商品名 単価 …

受注ファイル
伝票番号 顧客コード 商品コード 数量 受注日 …

- ・顧客マスタに未登録の顧客から受注することはないか？
- ・受注マスタに未登録の商品を受注することはないか？
- ・受注数量に限度のある顧客はあるか？
- ・受注日によって、単価を変えることがあるか？
- ・受注数量がマイナスで受注することはあるか？

e）不明確な定義、曖昧な表現、などがないか？

相手もわかるはず、との思い込みが仕様の取り違えにつながる。

例1）不明確な定義

　×：過去の得点の平均値を求める

　○：最新の10件の単純平均値を小数点以下2桁まで求める

　　→平均値の求め方には様々な方法がある！

例2）曖昧な表現（その1）

　×：入力データにエラーがあるときは、次の処理に進めない

　○：入力データにエラーがあるときは、エラーメッセージを表示して再入力を促す

　　→エラーがあるとき、何をすれば良いのかわからない！

例3）曖昧な表現（その2）

　×：ユーザ ID とパスワードが正しければ…

　○：ユーザ ID がマスタに登録されていて、かつ、パスワードがマスタにある値と一致した場合は…

　　→「正しい」とはどういう状態か、定義が必要！

105

f) 用語の定義が明確で統一されているか？

要件定義書やシステム仕様書には用語集をつけるべきである。

例1）用語の定義がされていない

・「売上入力を行う」と書いてあるが、「売上入力」は何種類もある

・「売上計上」は出荷で行う、となっているが、出荷とはどういうタイミングなのかが定義されていない。

例2）用語が不統一

・システム構成図では「基準生産計画」と書かれているが、機能一覧には「生産計画」と書かれている。

・業務フローには「生産指示」と書かれているが、システム構成図では「製造指示」となっている。

g) 前提条件がくずれたら？

例えば、顧客から来る注文番号が重複することはない、という前提があった場合、もし重複した番号を受け取ったらどうなるか？　結果が問題なければ良いが、問題があったときはチェックしてはねなければならない。　前提条件は必ず守られると考えてはいけない。

余談12　実装のわからないベテラン SE

オープン化が進んで今や Web アーキテクチャを採用したシステムが大半を占めるようになってきたが、ベテラン SE の中にはそうした新しい実装技術がわからない人たちも多い。かく言う私もその一人だが…実装がわからなくてもシステム設計はできるが、わかっていた方が良い設計が効率的にできる。こうしたベテラン SE がシステム設計を担当するときは、実装のわかる PE リーダーや若手 SE をレビュワーや設計パートナーとしてアテンドさせると良い。PE リーダーであれば、製作工程をスムーズに立ち上げることにもつながる。

3.5.4 試験技法

(1) ホワイトボックス技法

プログラムの実行パス(経路)に着目し、それらのパスを網羅するように試験項目を設定する試験である。通常、単体試験はこの方法で実施する。

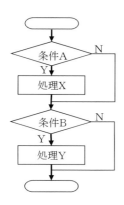

		パターン			
		1	2	3	4
条件	A	Y	Y	N	N
	B	Y	N	Y	N
処理	X	○	○	—	—
	Y	○	—	○	—

試験網羅度の測定方法には次の3種類がある。
a) 命令網羅(ステートメント・カバレッジ)C0
　すべての命令を最低1回は試験する。上図の場合、パターン1だけで網羅度100%となる。
b) 分岐網羅(ブランチ・カバレッジ)C1
　すべての命令とすべての分岐を試験する。上図では、パターン1と4、又は2と3を試験すれば網羅度100%となる。
c) 条件網羅(コンディション・カバレッジ)C2
　条件分岐において条件の組合せすべてを試験する。上図のパターン1,2,3,4のすべてを試験すると網羅度100%になる。

条件網羅(C2)100%が理想であるが、試験項目が膨大になり現実的でない。相互依存関係がまったくない条件同士間では試験項目を省略するなどして効率的な試験項目を設定する。

（2）ブラックボックス技法

ブラックボックス技法は、プログラムの内部構造を考慮せずにプログラム外部からの入出力仕様などの観点から実行する試験である。通常、結合試験以降の試験ではこの技法を使用する。

ブラックボックス技法で試験網羅度を100％にするには、すべての入出力データ値の組合せを試験することになり、現実的に不可能である。試験を効率的に実施する方法として次のような手法がある。

a）同値分割法

同じ処理をする同値グループに分割し、各グループへ入力する代表値を選んで試験する方法である。入力だけでなく出力についても同様にグループ化できる。

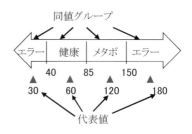

b）境界値分析法

同値分割したグループの境界には誤りが潜んでいる可能性が大きい。境界値の前後で有効な処理になる値と無効な処理になる値の両方をチェックする。

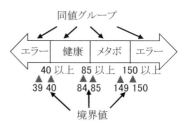

c）デシジョンテーブル法

デシジョンテーブルは、トリガーとなる入力条件の各組合せに対してどのような処理が実行されるかを示した表である。入力条件の組合せをすべて試験すれば試験網羅度は100％になる。

		ケース			
		A	B	C	D
条件	請求金額>$500	Y	N	Y	N
	滞留債権有無	Y	Y	N	N
処理	請求書発行	―	○	○	○
	確認証発行	―	○	○	○
	督促状発行	―	○	―	○

第3章　プロジェクトの計画

（3）経験ベース技法

　試験担当者の経験、スキル、直感から誤りが潜んでいそうなパターンを
みつけて試験する方法である。次の2つの方法がある。

出典：文献【13】

　　・エラー推測：発生しうる誤りをリストアップし、その誤りを検出する
　　　　　　　　　ための試験項目を設計する方法。

　　・探索的試験：事前・直前の試験結果に応じて、誤りのありそうなとこ
　　　　　　　　　ろに探りを入れながら試験項目を決めていく方法。

3.5.5　エラー処理

　ソフトウェア開発量の大半、ときに90％以上は、利用者にとって付加価
値が低く、試験のしにくいエラー処理や例外処理が占め、しかも不具合の
大半はそこに内在する。エラー処理や例外処理の品質をいかに確保するか
が、品質向上のカギになる。

（1）エラー処理の設計基準

　エラー処理の方法を個々の担当者やプログラマーに任せてしまうと、エ
ラーの見落としや統一のとれない処理方法になってしまう。システム設計
又はソフトウェア設計で、下記のようなエラー処理基準を決めておく。

　a）エラーの種類の洗い出し

　　エラーの発生源別に洗い出すと良い。

　　　・入力エラー（端末、他システム、等）

　　　・論理エラー（アプリケーションが検出した論理不整合など）

　　　・ソフトウェアエラー（OSやミドルウェアからのエラー通知）

　　　・ハードウェアエラー（コンピュータ本体、ネットワーク、その他）

　b）重要度の判定基準

　　　・発生時の影響、被害の度合いや被害額

　　　・回復に要するコスト、時間、対処への困難度

109

・発生頻度（確率）

c）エラー検出時の対処方法

エラーの種類ごとに次のようなことを決める。

・エラーの検出をするか、しないか、検出する場合、タイミングは？

・検出したときのシステムのふるまい（再入力、一定回数のリトライ、処理の放棄、システム停止、等）

・検出したエラーの通知方法、タイミング、通知先、通知内容

・回復処理方法、タイミング、リカバリー範囲、手作業の要否、要の場合その内容

d）ソフトウェア作成上の注意点

・エラー処理を共通モジュール化できるかどうか検討する。

・用済みの中間ファイルが悪さをすることがある。中間ファイルを残留させない方法や、同一名の中間ファイルを同時に生成させない方式を開発基準として制定する。

・エラー処理でリソースの解放を忘れないよう、リソースの確保と解放のタイミングを開発基準で制定する。

・エラーの原因解析がしやすいようにトレースやログ採取の方法を開発基準で制定する。

（2）入力処理の設計、試験の注意点

エラー処理で最も多いのが、画面入力や他システム・機器からの入力データチェックに関する処理である。以下によくあるエラーパターンを示すので、プログラムの設計時や試験設計時に参考にされたい。

①単一入力項目のエラー

・仕様書に明示されている条件を満たさない。（文字種類の不正、必須入力項目、マスタ未登録、範囲外、等）

②複数入力項目間のエラー

・仕様書に明示されている項目間の条件を満たさない。

110

第3章　プロジェクトの計画

・データの意味から論理的に演繹できるもの。　例）続柄が「母親」
　のとき性別は「女」

③想定外操作によるエラー

・2個以上のキーの同時押下、同一キーの連続押下、など

・シングルクリック仕様に対するダブルクリック、など

・終了が許されない状態での強制終了

・同一プログラムの重複起動、複数端末での同一データ同時更新

④他システムからのデータ入力エラー

・データ長、タイプ、値の範囲、などが仕様と異なる

・初期値又はデータなし、の状態が仕様と異なる。（null のはずなの
　にスペース、等）

・関連のある複数データ間の関係が仕様と異なる

・仕様範囲であるが、後続のデータ処理で矛盾を起こすデータ

　★他システムからのデータに「誤りはない」と思い込まずに、あと
　　の処理で重大な障害にならないようチェックする。

（3）エラー試験に関するワンポイントアドバイス

・エラーメッセージ集を作り、すべてのエラーメッセージを表示させる

・エラー処理はホワイトボックス試験でないとできない試験もある

・JUNIT、JTEST などの試験ツールを活用すればエラー処理を効率よ
　く試験できる

・性能やタイミングに関するエラーは古い H／W でやるとやりやすい

111

余談13 「試験できないものを作るな！」

　著者が入社してまもなくの頃、上司から「試験できないものを作るな！」と言われた。上司の真意は確認できなかったが、この言葉には次の2つの意味があると思う。

①どうやって試験するのかを考えて仕様を決めろ！

　例えば、エラーを検出しやすいアルゴリズムを考える、検出処理と後処理を分けて別々に試験する、など試験のしやすい方式を考える。

②そもそもエラー処理の試験を減らす方法を考えろ！

　3.2.2項の「システム設計例まとめ④」に記載したように、エラーが生じないように設計する方法もある。

　また、エラーをいちいちチェックしてデータをはねるのでなく、処理結果を見て入力データが間違っていることがわかれば良い場合は、おかしな結果が出たときにすぐにその原因が想定できるように出力方法を工夫しておけばよい。

3.5.6　品質指標の計画

品質指標の計画では、レビューや試験での誤り検出数、レビュー工数や試験項目数などを計画する。これらのデータは、過去のデータを分析して作成した標準的なパターンをもとに、プロジェクトの特性を考慮して計画する。

（1）品質指標計画表のイメージ

品質指標計画では、工程別の誤り検出数とその誤りを検出するためのレビュー工数、試験項目数を計画する。これらの数値は、過去の実績データから作成した誤り検出モデルなどをもとに計画する。

図表3.29は品質指標計画表のイメージである。実際のプロジェクトで使うときは、計画欄と実績欄を作って予実比較ができるようにしたり、誤りの作り込み工程や原因別に件数を集計できるようにしたりして使いやすくする。

図表 3.29　品質指標計画表のイメージ

		システム設計	S/W設計	CDレビュー	単体試験	結合試験	システム試験	運用試験	稼働後
誤り検出数	件								
誤り検出率	件/xx								
レビュー工数	人時								
レビュー密度	人時/xx								
試験項目数	件								
試験密度	件/xx								

※1　/xx の xx は FP、KL など規模を表わす指標である。規模の指標で正規化することにより、他のプロジェクトと比較できる。
※2　CD レビュー；　コードレビュー

（2）品質指標計画の手順

①引き渡し後（又は本稼働後）の目標誤り件数を設定

ベンダの場合は引き渡し後、ユーザであれば、本稼働後に検出される誤り件数の目標を設定する。

②工程別誤り件数の設定

組織が保有する誤り検出モデルをもとに、そのプロジェクトの特性を考慮して各工程のレビューや試験で検出する誤り数を設定する。誤り検出モデルには、次のようなものがある。

・工程別検出率モデル；

工程毎の誤り検出率（図表3.29の「誤り検出率」の行）がモデル値として示される。モデル値を参考にプロジェクトの特性に応じて検出率を設定し、規模を掛けて誤り件数を算出する。最も簡単なモデルであるが、モデルの検出率をそのまま採用してしまうことが多く、品質の評価はしにくい。

・検出比率モデル；

システム構築のライフサイクル全体で検出する誤り総数の検出率と、工程毎の検出比率をモデル値として提示する。プロジェクトは、まず、誤り総数を設定し、検出比率を参考に各工程に割り振る。このモデルは工程別検出モデルの元データから算出できるが、前後工程の誤り検出を想定しながら設定することができるので、プロジェクトの意思を計画に反映しやすい。

・誤り作り込み検出モデル

上記2つのモデルが検出率だけから作られているのに対して、このモデルでは工程別にどのくらいの誤りを作り込むか、を予想して検出すべき誤り数を設定する。品質の評価や定量的予測が他の方法よりやりやすい。詳細は3.5.7項を参照。

③レビュー密度、試験密度の設定

モデルで提示された値を参考にプロジェクトの計画値を設定する。モ

第3章　プロジェクトの計画

デルは、工程別に標準的なレビュー密度や試験密度が提示されることが多いが、誤りヒット率の形で提示しても良い。誤りヒット率とは、誤り1件を検出するのに要するレビュー工数、又は試験項目数である。（その逆数であるレビュー工数1人時、試験項目数1項目あたりの誤り検出数で表す場合もある）

（3）試験項目数の数え方

本書で「試験項目」と呼んでいるものは、JUAS や IPA ／ SEC の文献で言う「テストケース」に相当する。テストケースは入出力値の組合せで成立するが、カウントの方法にはいくつかある。どの方法でカウントするかは、組織で統一しておく。

①複数の機能（例 . 受注入力と受注一覧表示）に対する入力データセット群
②ある機能（例・受注入力）に対するひとつの入力データセット
③上記②で、細分化した機能（例 . 受注入力チェック）
④上記③で、出力単位（例 . 受注ファイル更新）
⑤上記④で、出力項目単位（例 . 顧客コード）

（4）品質指標値の業界データ

品質指標の計画には、過去のプロジェクト実績からモデルとなる数値を持つ必要がある。モデルには「工程別検出率モデル」などがあるが、いずれのモデルについても、構築形態（新規／改良、スクラッチ／パッケージ、など）や分野に応じてモデル値が提示されることが望ましい。

業界でも調査が行われており、JUAS と IPA ／ SEC の調査結果がある。以下、その一部を引用する。

115

a) JUAS の調査結果（文献【7】）

①引き渡し後換算欠陥率（文献【7】P77, P115）

換算欠陥率＝ 換算欠陥数／工数（人月）

ユーザが顧客側総合テストと稼働後のフォローフェーズにおいて発見した欠陥（不具合）にその影響度の大中小に応じて、それぞれの欠陥数に2.0、1.0、0.5の重みをつけて集計して換算欠陥数を求め、プロジェクト全体の工数（人月）で正規化したもの。

図表 3.30　引き渡し後換算欠陥率

件／人月	顧客側総合テスト＋フォローフェーズ	フォローフェーズ
平均値	0.46	0.14
中央値	0.15	0.04

b) IPA／SEC の調査結果

①稼働後不具合発生密度（文献【10】P189、P207）

システム稼働後に発生した不具合件数を開発規模（FP 又は KL）で正規化したもの。

図表 3.31　稼働後不具合発生密度

件／KFP	全体	400FP 未満	400〜1000FP	1000〜3000FP	3000FP 以上
平均値	18.1	18.2	26.9	12.2	11.1
中央値	2.6	0.0	4.4	2.3	2.8
件／KL	全体	40KL 未満	40〜100KL	100〜300KL	300KL 以上
平均値	0.077	0.083	0.068	0.103	0.045
中央値	0.009	0.000	0.011	0.026	0.018

②レビュー工数と指摘件数（文献【10】P230, P232, P233）

　設計工程での１ページ当たりレビュー工数と基本設計（＝システム設計）でのレビュー指摘率。詳細設計（＝ソフトウェア設計）のレビュー指摘率のデータはない。

図表 3.32　レビュー工数と指摘件数

／KFP	基本設計		詳細設計	
	レビュー工数 （人時／ページ）	指摘件数 （件／KFP）	レビュー工数 （人時／ページ）	指摘件数 （件／KFP）
平均値	8.534	212.8	2.390	
中央値	0.243	102.3	0.178	
／KL		件／KL		
平均値		6.130		
中央値		2.292		

③製作工程レビュー指摘率（文献【10】P231）

図表 3.33　製作工程のレビュー指摘率

件／160人時	製作
平均値	382.5
中央値	134.3

④試験工程の検出バグ数（文献【10】P236、P242）

新規／改良など全開発種別を対象、検出バグ数は、同一原因によるものは１つとして数えている。テストケースの数え方は各社で異なるので、参考値として見て欲しい。

図表 3.34　試験工程の検出バグ数

件／KFP	結合試験		総合試験（＝システム試験）	
	テストケース数	検出バグ数	テストケース数	検出バグ数
平均値	4,280.5	122.6	2419.6	56.9
中央値	1869.2	74.2	473.8	22.3
件／KL	テストケース数	検出バグ数	テストケース数	検出バグ数
平均値	158.368	2.315	76.211	0.867
中央値	36.294	1.200	11.743	0.208

余談14　引き渡し後誤り数と試験工程の誤り数

2007年のＳ／Ｗメトリックス調査（JUAS編）に、「ベンダからシステムを受領後に検出する誤りは、契約額５百万円につき１件が基準」と書かれていた。契約額５百万円をエイヤッでFPに換算※すると80FPになるので、１件／80FP ≒0.01件／FP が一般的な品質レベルのシステムで目標にする値ではないだろうか。

業界の実績値や私がいた会社の実績値などを見ると、試験工程で検出する誤りはその前の工程で検出した誤りの１／２から１／３くらいになる。引き渡し後の誤り数を0.01件／FP 以内にするには、システム試験で検出する誤りは0.02～0.03件／FP 以下、結合試験では0.04～0.09件以下にしなければならない。これより誤りが多いときは、追加試験を行う必要がある。しかし、誤りが少ないからといって安心はできない。試験の内容に問題がないか、できれば第三者に検証してもらうことが望ましい。

※契約額５百万円は、１人月100万円として５人月（800人時）。文献【10】によると FP 生産性は全体の中央値が0.098FP／人時なので800×0.098≒80FP となる。

3.5.7 誤り作り込み／検出モデル

ソフトウェアの誤りは設計や製作工程で作り込まれ、それをレビューや試験で除去していく。ある工程で作り込んだ誤りはできるだけその工程で除去し、次工程に持ち越さないようにすれば、品質も生産性も良くなる。

図表3.35は、誤りの作り込みと検出（除去）の関係の例を示したもので、例えば、システム設計では180件の誤りが作り込まれるが、うち80%の144件は自工程内のレビューで除去し、残りをソフトウェア設計以降で除去していくことを示している。

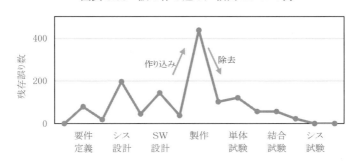

図表 3.35　誤り作り込み／検出モデルの例

単位：件/KFP	検出工程									作り込み数合計
	要件定義	シス設計	SW設計	製作	単体試験	結合試験	シス試験	引渡し後	
作り込み工程 要件定義	64	8	2	1		1	2	2	80
シス設計		144	21	10		2	2	1	180
SW設計			80	8	5	4	2	1	100
製作				320	51	19	7	3	400
その他			3		9	5	2	1	20
									0
検出数合計	64	152	106	339	65	31	15	8	780

（注1）作り込み数合計は検出数合計と一致し、安定稼働以降に検出される可能性のある潜在誤りは含まない。
（注2）作り込み工程＝その他は、修正ミスやデータのミス、H／W、OS・M／W、既存S／Wの誤りなどである。

誤り作り込み／検出モデルを作るためには、誤りが作り込まれた工程を特定したデータを収集し、分析する必要がある。手間はかかるが、このモデルを採用することにより、次のような効果が期待できる。

・誤りの原因分析と対策の策定が効果的にできる
・レビューや試験結果の品質評価の精度が向上する
・品質指標計画の精度が向上し、品質予測もやりやすくなる

　このモデルによる品質指標計画の手順は次のようになる。

①引き渡し後（又は本稼働後）の目標誤り件数を設定する
②工程毎に作り込む誤り件数をモデルを参考に設定する
③工程毎に自工程で作り込んだ誤り及び前工程までに作り込まれた誤りの検出数を設定する。自工程で作り込んだ誤りはその80％を自工程で除去するのが目標である。（注）
④レビュー工数、試験項目数を設定する。

（注）その工程で作り込まれた誤りが何件だったかは、レビューや試験のときにはわからない。わかるのは安定稼働に入って誤りが検出されなくなってからである。しかし、実績データが蓄積されモデルの精度があがるとともに、設計・製作の品質が一定レベルを確保できるようになれば品質の評価及び品質予測の精度は格段に向上するはずである。

余談15　その誤りはどこで作り込まれたのか？

　誤りの半分は製作工程で作り込まれる。そのうち設計工程で作り込まれた誤りが少なくとも2～3割は含まれている。例えば、「仕様の取り違え」や「処理の抜け」はほとんどが設計工程の問題と考えた方がよいし、不正コーディングも設計が原因になっていることもある。コーディングミスを起こさないように設計することも設計者の責務なのである。

第3章　プロジェクトの計画

3.6　リスク管理計画

リスク管理計画におけるアウトプットは、次の3つである。

（1）リスク総合診断表

プロジェクトのリスクが大きいか小さいかを診断するもので、組織により診断方法や診断表の様式は異なる。ベンダは商談段階で作成し、見積りや提案内容に反映させる。プロジェクト計画時点では、初期作成以降に明らかになった情報をもとに更新する。

（2）リスク管理表

リスクを特定し、分析し、対応策を策定した結果を、リスクの変化や対策状況の追跡が可能な形でリスト化したものである。

（3）リスク管理計画書

リスクの管理方法を規定し、プロジェクト計画書に組み込む。

3.6.1　リスクとは…

プロジェクトにおけるリスクとは、品質・コスト・納期に影響を与える潜在的な事象であり、マイナスに働く「脅威」のみならず、プラス効果をもたらす「好機」もある。リスクが顕在化したものを「課題」と呼ぶ。

リスク（Risk）の語源は、ラテン語の Risicare（リジカーレ）で、その意味は「勇気をもって試みる」である。そもそもは「岩礁の間を航行する」意味という説もある。ソフトウェア工学の権威トム・デマルコ（Tom Demarco）は、「リスク管理の目的はリスクから身を守ることではなく、より大きなリスクをとることを可能にするものである」と述べている。

某社でプロジェクト計画時に特定したリスク件数とプロジェクト完了時のコストの関係を調査したところ、コストが大幅に悪化するプロジェクトはリスクの洗い出しが少ない、との結果が出ている。（図表3.36）

図表 3.36　リスク洗い出し件数とコストの関連

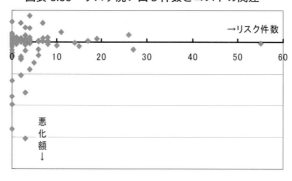

第3章　プロジェクトの計画

3.6.2　リスク総合診断

多くのベンダは、商談を開始するとき、もしくは見積りを提示するときに、受注したあとのプロジェクトのリスクがどの程度大きいかをチェックリストなどを使って評価している。リスクの大きな商談であればコンティンジェンシーを増やしたり、リスクを低減するための提案をしたり、最悪は商談を辞退したりする。リスクの大きな商談を受注するときは、支援体制を強化したり、リスク管理を強化したりもする。

チェックリストなどの形式や内容は、組織によって異なるが、以下に例を示す。

（1）プロジェクト特性による診断

新規顧客／新規業務／新規技術、要件の確定度、コストや納期の余裕度、など客観的かつ容易に判断できるプロジェクト特性から診断する。あてはまる特性が多いほど、リスクは高くなる。

次の9つの特性が3つ以上該当するプロジェクトは、問題を引き起こす可能性が高い、という調査がある。

（出典：NTTデータ岩本副社長（当時）、日経コンピュータ2010／1／15）

①新規顧客からの受注

②新システムの要件が「現行どおり」となっている

③新技術や経験のない処理方式を採用している

④IT企業と顧客の間で一括請負契約を結んでいる

⑤IT企業のプロジェクト原価率が95％以上

⑥開発期間が短納期

⑦プロジェクト・マネージャーが類似システムの開発経験なし

⑧IT企業が下請けに仕事の90％以上を回している

⑨顧客の要件定義力に問題がある

上記以外にも経験的に知られている要注意特性はたくさんある。

⑩プロジェクト・マネージャーが過大な自信を持っている

123

⑪ベンダとユーザの関係が"馴れ合い"で相互に甘えがある

⑫ユーザに過大な期待を売り込んだ…「何でもやります！」

⑬決めたことを一声でひっくり返す「独裁者」がいる

⑭既存のベンダが辞退した案件である

チェックすべき特性は、組織があらかじめ定めておくが、あまり増やしすぎると手間もかかるし、かえって精度が落ちることもあるので最大でも10件程度にするのがよい。

第3章　プロジェクトの計画

（2）診断項目による定量的評価

　数件の診断項目を設定し、その程度を数値化して数値によりリスクの大小を判断する。以下はその例である。

図表 3.37　リスク診断表の例

診断項目	大← 評点（リスク） 小→				
	1	2	3	4	5
要件の確定度	低い		一部確定		高い
新規性	未経験の業務・技術多い		一部に未経験あり		類似した実績あり
プロジェクト能力	不充分		何とか		充分
ユーザの体制	非常に不安		やや不安		安心
非機能要件	非常に厳しい		厳しい要件もある		一般的レベル
契約	契約には無関心		やや軽視している		契約を重視
納期	基準工期の50%以下		基準工期の80%		基準工期内
予算	大幅赤字		ギリギリ		余裕あり

（3）詳細なチェックリストによる評価

　多数のチェック項目を設定してリスクを詳細に評価する方法である。

125

3.6.3　リスクの特定方法

　リスクには過去の実績などから推定できるものだけでなく、予測することが困難なものもある。リスクの洗い出しを一部の担当者だけに任せきりにせず、外部の有識者、経験者も交えて様々な観点からリスクの洗い出しを行う。

（1）プロジェクト特性からの推定

　3.6.2（1）項に記載したプロジェクト特性からリスクを推定する。例えば、「新規顧客」が該当する場合、システム構築の進めかたの齟齬により手戻りが発生したり、ユーザのキーマンが把握できずに要件の確定に手間取ったり、といったリスクが発生する恐れがある。

　過去の実績からプロジェクト特性と顕在化したリスクを収集・分析すれば、どんな特性からどんなリスクが発生しているかを知ることができる。

（2）プロジェクト実行のシミュレーションから推定

　プロジェクトの実行状況を、下の表のように構築工程と主な管理対象のマトリックスで想像して、起こりうるリスクを抽出する方法である。

	システム設計	S／W設計	製作	結合試験	システム試験	運用試験
スコープ	要件増加の恐れあり					現場からの要求
品質					性能不足	
コスト						
工期	仕様確定の遅延					
要員			経験者の確保不能			
その他						

第3章　プロジェクトの計画

（3）発生源から推定

リスクの発生源に着目して、発生する可能性のあるリスクを特定する方法である。SI プロジェクトでは次のような発生源が考えられる。

・製品や技術

　製品提供ベンダの支援なし、ユーザ要求との適合性未検証、等

・ユーザ（経営層／利用部門／開発部門）

　キーマンの異動や退職、現場部門の統制力、等

・ベンダ（経営層／スタッフ／自部門）

　予定要員の配置遅れや病欠、開発設備不足や不備、等

・関連ベンダ

　ベンダ間の役割分担の齟齬、ベンダ担当者の異動、等

・外部環境、その他

　予定外の法改正や規制強化、災害や事故の発生、等

（4）前提条件の実現性

プロジェクト遂行の前提としている条件が成立しないとリスクになる。それらの条件を点検することによりリスクを洗い出せる。

例えば、あるソフトの流用を見込んだが適合しないことが判明した、業務ノウハウを保有する SE の参画を予定したが参加できなくなった、など。

（5）チェックリストの利用

組織が、過去の実績から発生しやすいリスクをチェックリストとして作成しておき、それを使ってリスクを洗い出す。

127

3.6.4 リスクの優先順位付け

　リスクの対応策を実行するにはコストがかかるので、優先度の高いリスクのみ対応策をとる。優先度の高低は、リスクが顕在化する確率と顕在化したときにプロジェクトに与える影響のマトリックスから決める。

図表 3.38　リスクの優先順位付け決定表

		影響度（脅威） 大←　　　　　　　→小					影響度（好機） 小←　　　　　　　→大				
発生確率	高↑ ↓低										

■ 優先度"高"　　■ 優先度"中"　　□ 優先度"低"

発生確率の区分例；確率が、20%未満／20〜40%／40〜60%／60〜80%／80%以上
影響度の区分例；追加コストが、1百万円以内／5百万円以内／10百万円以内／30百万円以内／30百万円以上

3.6.5 リスク対応計画

　リスクの一般的な対応策には次の4種類がある。

a）回避：計画の変更などによりリスクの要因を取り除く。例えば、実績のないソフトを使う計画を、使ったことのあるソフトに変更することにより、リスクは回避できる。究極の回避策はそのプロジェクトを中止することである。

b）転嫁：リスクによる影響を対応する責任とともに他者に移す。例えば、パッケージのインストール作業をパッケージ開発会社に請負契約で発注すれば、インストールに関するリスクはパッケージ開発会社が負うことになる。

c）軽減：リスクの発生確率や影響度を下げる対応策である。例えば、中核SEが専任化できずに飛び込み作業に手を取られることが予

第3章　プロジェクトの計画

想される場合、早い時期から代替え要員を用意することで影響を軽減することができる。軽減策は影響を完全に取り去ることはできないので、リスク・コンティンジェンシーなどを使って吸収することになる。

ｄ）受容：リスクを除去することが不可能な場合、対応策に要するコストが影響度より大きい場合などは、そのリスクを受け入れることになる。

リスク対応策は、具体的でなければならない。次のような対応策は効果が期待できない。

- ・遅れないようフォローする
- ・要件が増えないよう誘導する
- ・レビューをしっかりやる

3.6.6　リスク管理表

リスク管理表は、プロジェクト計画時に作成され、プロジェクトの進行に伴って更新される。リスク管理表の様式は、組織で決められている場合が多いが、記載されるのは次のような項目である。

- ・リスクの特定日、指摘者
- ・リスクの内容
- ・発生確率
- ・顕在化したときの影響度
- ・対応策
- ・処置担当と処置期限
- ・処置結果、完了日

リスク管理表には、リスクが顕在化した「課題」を含めて管理できるようにしている場合もある。

129

3.6.7 リスク管理計画

リスク管理の方法として、次のようなことを決める。

・リスク情報の管理台帳；

　通常は、組織が保有する「リスク管理表」を利用する。

・リスク評価の方法；

　図表3.38の発生確率、影響度及びリスク対策を実施する範囲などを決める。通常は組織で既定のものを決めておく。

・リスク管理のタイミング；

　リスク対策の状況、リスクの発生確率と影響度の変化、新たなリスクの特定、などを行うタイミングを決める。

・リスク管理者

　リスク管理は、プロジェクト計画時点から始めるのではなく、システム企画や見積り段階から取り組む。また、リスク管理の基盤作りには組織的な取り組みが欠かせない。以下に、その事例を示す。

事例１：部門Ａでは、その部門が担当する分野の特性に応じて作成した独自のリスク・チェックシートを使用して、商談段階からリスク評価と対策を義務付け、見積り審査やプロ計審査などでの確認、月次でのフォローを実施している。

事例２：部門Ｂでは、見積り作業を開始する前に、複数の有識者によるリスク評価と対策の検討を行い、それに基づいて提案書や見積書を作成する。

事例３：部門Ｃでは、引き合い受領後、リスク評価を行って、ユーザと対策を調整してから、見積りを提示している。

　ベンダはプロジェクトのリスクをユーザに説明する義務があることが、最近の係争における判例から明らかになっている。ベンダの責任で解決すべきリスクもあるが、ユーザの責任で対応しなければならないリスクや両者が共同で対応しなければならないリスクもたくさんある。こうしたリス

第3章　プロジェクトの計画

クをユーザに知らせないと、ベンダとしての注意義務違反になる。もちろん、ユーザはそれを受け止めて自ら又はベンダと共同で対応しなければならない。

余談16　ある問題プロジェクトのリスク"見立て"

プロジェクトKは、汎用機で構築されたシステムをオープンプラットフォーム上に再構築する大規模プロジェクトだった。設計工程の後半から遅れが目立ち始め、製作を開始したが、単体試験で誤りが頻発し、結合試験に入っても収束する気配がない。第三者が入って調査したところ、システムの全体設計ができる設計者がいないことが原因とわかった。そのときの設計リーダーは既存システムの一部を担当したSEであったが、設計スキルが不足していた。他部門から優秀な設計リーダーを引っ張ってくることもできず、結局、試行錯誤で開発せざるを得なかった。工期も大幅に遅れ、何とか稼働させたものの安定稼働に至るまでには3年以上かかった。

原因は、見積り段階でプロジェクトのリスク総合診断を誤り、「単純移行が多い」という間違った思い込みをしてしまった。そのために、開発量の見積りや必要な体制・要員の見通しを誤った。その背景には、当時受注案件が立て込んで要員の確保がままならなかったこともある。

3.7 要員管理計画

システム構築のプロジェクトにおいては、人がプロジェクトの成功を左右する。要員管理計画では、プロジェクトの要員が持つ力を最大限に発揮し、目的の達成に向けて効率よく活動できるように、組織構造や役割分担を決める。また、必要により教育計画を策定する。

3.7.1 プロジェクトの組織形態

プロジェクトの組織形態には次のようなものがある。

図表 3.39 プロジェクトの組織形態

組織形態	プロジェクト・マネージャー 専任度	プロジェクト・マネージャー 権限	メンバー 専任度	対象プロジェクト
プロジェクト型	専任	強い	専任	長期、大規模
マトリックス型	専任	中～強	専任／兼務	中長期、中規模
機能型	兼務	中	専任／兼務	短期、小規模
委員会型	兼務	弱	兼務	（会議形式）

（1）プロジェクト型

既存の組織から要員を切り出し、独立した組織でプロジェクト活動に専念させる。PM（プロジェクト・マネージャー）は、既存の部や課の管理者と同じレベルの権限を持つので、要員の統率もしやすく、意思決定もしやすい。大規模なプロジェクトや長期間にわたるプロジェクトの場合は、この組織形態がよい。

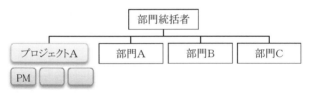

（2）マトリックス型

専任のPM（プロジェクト・マネージャー）又はPL（プロジェクト・リーダー）のもと、関連部門の要員を集めてプロジェクト組織として編成する。プロジェクト・メンバーは専任者と兼務者がいる。PMは、プロジェクト遂行の責任と権限を持つが、要員の管理はプロジェクトの作業に限定され、その他の責任と権限は部門管理者が持つ。

要員数が4～10名程度のプロジェクトに適している。

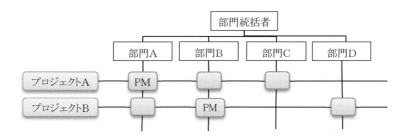

（3）機能型

既存の組織の一部又は全部がそのままプロジェクトになる。少人数で短期間の場合に適している。PM・PLやメンバーは、通常、既存組織の業務を兼務する。PLがプロジェクトに専任となり、部門長がPMとなる場合もある。

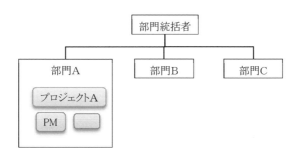

3.7.2 組織図（体制表）の作成

（1）要員投入計画

PMはPLと協議して、どのようなスキルを保有する要員がいつからいつまでどのくらい必要なのかを計画し、すでに決定している要員以外の調整中又は未定の要員を明らかにする。PMが自身の権限で調達できない要員については、上位の職制管理者と協力して要員を調達する。

要求するスキルを完璧に満足する理想的な要員がすべて配置されることはほとんどないので、決定した要員でプロジェクトの目標をいかにして達成するかを考えなければならない。

（2）組織図（体制表）の作成

プロジェクト内チームやメンバー相互の関係、指示命令系統（担当者からみた報告ルート）を表現する組織図（体制表）を作成する。

- ・PM／PLが直接コントロールするチームリーダーや主要なメンバーはすべて記入する
- ・指示命令系統（＝報告ルート）が曖昧にならないようにする
- ・プロジェクトの進行中に体制を変更するのは望ましくないが、やむを得ず、変える場合は構築工程（フェーズ）別に体制表を用意する

図表 3.40　プロジェクト体制の基本モデル

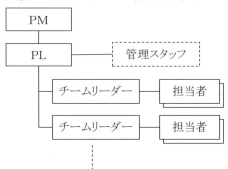

(3) チーム編成方法

中規模以上のプロジェクトでは、プロジェクト内にいくつかのチームを作り、チームリーダーを設定して階層的に管理する。（大規模プロジェクトではこの階層が3段以上になることもある）

チームを編成するとき、チーム間の相互インタフェースが極力小さくなるようにする。下図の横軸のように処理形態で分けるとチーム間インタフェースは増加するので、○○機能はAチーム、△△機能はBチームというように機能範囲でチームを編成する。機能範囲を区切るとき、データの相互参照が少なくなるように境界をひけば、インタフェースを小さくすることができる。

図表 3.41　チーム編成の例

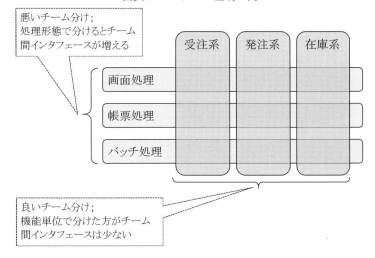

3.7.3　役割分担表の作成

　プロジェクトの主要メンバーについて、その役割と責任を設定する。役割にはプロジェクト管理系と実行系がある。

　大きなプロジェクトでは工程管理と品質管理は業務量が多いので専任者を設定することもある。

第3章　プロジェクトの計画

図表 3.42　役割分担表の例

役割		担当	権限と責任
PM		SE 部　吉田	プロジェクト推進の統括責任者として、プロジェクトの説明責任を持つ。プロジェクト計画をレビューし、実行を監視・コントロールする責任と権限を持つ。
PL		SE 部　鳩山	プロジェクト計画を作成し、プロジェクトを遂行する権限と実行責任を持つ。また、設計リーダーとしてすべての仕様書をレビューし、整合性を確保する。
管理系	コスト管理者	SE 部　吉田（兼務）	コスト計画の策定とコスト管理を行い、PM／PL に報告する。
	工程管理者	SE 2 課　岸	工程計画の策定と進捗管理を行い、PM／PL に報告する。
	品質管理者	SE 3 課　池田	品質計画の策定と品質管理を行い、PM／PL に報告する。
	リスク管理者	SE 1 課　田中	課題とリスクの計画・管理を行い、PM／PL に報告する。
	仕様管理者	SE 部　鳩山（兼務）	仕様の変更を管理する。
	構成管理者	PE 課　三木	構成管理計画を策定し、構成管理、構成監査を行う。
実行系	受注系担当	SE 1 課　田中	受注系システムの設計、試験の実施及びプログラム製作の管理を行う。
	発注系担当	SE 2 課　岸	発注系システムの設計、試験の実施及びプログラム製作の管理を行う。
	在庫系担当	SE 3 課　池田	在庫系システムの設計、試験の実施及びプログラム製作の管理を行う。
	インフラ構築	SE 4 課　福田	ハードウェア、OS、M／W の設計、導入、試験を行う。
	プログラム開発	（株）PE　大平	各サブシステムのプログラムを製作する。

137

3.7.4　教育計画

　メンバーの必要スキルに対して不足するスキルがあれば、それを充足させる教育を計画し、対象者と教育内容、時期などを計画する。

　スキルアップのみならず、プロジェクトがチームとして最大限の力を発揮するように、メンバー間の交流を促進したり、作業方法やプロセスを改善したり、という活動もメンバーの自発性に任せるのではなく、プロジェクトの施策として計画する。

余談17　PMO の役割

　PMO（Project Management Office）は、プロジェクト内でプロジェクト管理を担当するチームを指すこともあるが、ここでは組織の共通部門として複数のプロジェクトを管理する部門について述べる。

　共通部門としての PMO に求められる機能には、①プロジェクトの監査、②問題を起こさないようにする防火活動と起きてしまった時の消火活動、③組織のプロセス改善などの予防活動、の３つがある。

　経営者が最も期待する活動は②であろう。②を行うには、プロジェクトに対して権限を持っていなければならないが、日本の PMO は、問題を事業部門にエスカレーションする権限はあっても、自らの責任と権限でプロジェクトを中止させたり、要員を異動させたりすることはできないことが多い。事業に関するすべての責任を事業責任者が負う組織構造において、やむを得ないことであろう。その一方で問題プロジェクトが発生したときの報告や釈明が求められるので、プロジェクトに対しては官僚的・形式的な対応になってしまう。

　PMO の活動で重要なものは、PM から信頼される相談相手としての活動と上記③の予防活動ではないか、と思う。

第3章　プロジェクトの計画

3.8　コミュニケーション計画

プロジェクト・メンバーやステークホルダー各個人の考え方を相互に理解し、必要な情報を共有するためのコミュニケーションの方法などについて計画する。

PMBOK第5版から、ステークホルダー管理が独立した知識エリアになったが、本書ではコミュニケーションに含めて記載している。

3.8.1　コミュニケーション計画

コミュニケーション計画を策定するときは、5W1Hで考える。

図表 3.43　コミュニケーションの5W1H

	説明	項目
Who	誰と	利用者部門、プロジェクト内、自社内、関連ベンダ、サブコントラクター、プロジェクト・スポンサー、など
What	何を	要件や仕様、作業計画、プロジェクト管理情報（進捗、品質、コスト等）、課題やリスク、など
When	いつ	定期的（月、週、毎日）、都度
Where	どこで	会議室、など
Why	目的	情報共有、意思決定、報告、など
How	手段	会議：複数の人と会話ができる。顔を見ながら会話するので細かいニュアンスが伝わりやすいが、準備などに手間がかかる。 電話：1対1の会話になる。メールよりはニュアンスが伝わりやすいが、「言った、言わない」の議論になることもある。 メール：一度に多人数と情報共有できる。相手の顔が見えないので一方的な話になってしまうことがある。 共有ファイル：多人数での情報共有に向いているが、放置されてしまうことがある。 文書：図や表などで視覚的に伝えることができる。公式な通知や連絡は必ず文書で行う。

139

公式なミーティング、連絡や報告などについては、前記の５Ｗ１Ｈで
検討した結果を次のような表にまとめてプロジェクト計画書に記載する。
また、機密情報や個人情報の取り扱いについても規定する。

図表 3.44　コミュニケーション計画の例

会議名等	手段	目的・内容	時期	出席者
ステアリング・コミッティ	会議	プロジェクト状況の確認、重要事項の決定	３ケ月毎随時	××、××…
定例連絡会	会議	進捗・品質状況・リスクや課題の確認	毎月最終週木曜	××、××・・
仕様打合せ	会議	外部仕様の検討・確認、レビュー	毎週火曜（設計期間中）	××、××・・
その他会議	会議	試験計画、移行計画など個別テーマに関する打合せ	随時	都度決定
仕様変更・確認・連絡	メール	仕様承認後の確認・変更などの連絡	随時	起案者→仕様管理者
その他連絡	メール	仕様以外の事項に関する連絡、確認等	随時	起案者→関係者

　アジャイル開発で利用する「プラクティス」には、アジャイル開発以外
のプロジェクトでも応用できるコミュニケーションの技法がたくさんあ
る。以下は、IPA／SEC 編「アジャイル型開発におけるプラクティス活用
リファレンスガイド」（文献【21】）からの引用と解説である。

a）イテレーション計画ミーティング

　「イテレーション（反復作業の１サイクル）を始める前にイテレーショ
　ンで達成すべきゴールと、それを実現する作業を洗い出す。」

　→作業の範囲を区切り、そのゴールと必要な作業や課題をチーム全体で

洗い出してみる。PM や PL が一方的に決めて通知するより効果的な場合もある。

b）振り返りミーティング

「イテレーション毎に振り返り、学んだことを共有して、より最適なやり方を編み出す」

→上記 a) の結果を整理するミーティング。ちょっとした区切りで簡単な振り返りのミーティングをやるとモチベーションも上がる。

c）ペア・プログラミング

ドライバー（キーボードの前に座って操作する）とナビゲーター（ドライバーの作業をナビゲートする）に分かれ、ひとつの画面に 2 人向き合って実施する。

→初心者プログラマーの指導、プロトタイピング、設計作業などにも応用できる。

d）プロダクト・バックログ

プロダクトや作業の残件を洗い出し、その優先順位をしかるべき人に判断してもらう。

→作業が輻輳したときは、こうした整理が大切。

e）タスク・ボード

これからやるべき作業を付箋紙などに書きだしてボードに貼り付け、チームが見える場所に配置する。

→細かな作業がたくさんあるときは、漏れ防止になる。また、他の人の作業状況をみながら、臨機応変に作業を行える。

f）ベロシティ計測

ある期間やある範囲の作業量を予測する際、例えば 1 人日を 1 ポイントとしたポイントで表し、ポイント数を関係者全員が見積る。

→ゲーム感覚で工数や期間の見積りに全員が参加できる。

3.8.2　ステークホルダー戦略

　ステークホルダーのプロジェクトへの影響度と関与度のマトリックスでステークホルダーを分析し、対応戦略を決める。

図表 3.45　ステークホルダーの影響度／関与度マトリックス

		影響度	
		大	小
関与度	大	**キーマン型**　利用部門のキーマン、企画部門の責任者などで、この人を中心にプロジェクトは進められる。コミュニケーションの主たる相手として対応する。	**専門家型又は観客型**　特定の分野の専門家など、限定したミッションで参加しているか、関連部門の代表として参加しているが、あまり意見も言わず観客に徹しているか、のどちらかである。
	小	**影のキーマン型**　関与度は小さいのに大きな影響力を持っている人は最も注意が必要である。非公式に意向を確認したり、逆に公式の場に引っ張り出して了解を得たり、などの対応を考える。	**観客型又は熱狂的サポーター**　関与度も影響度も小さい人は、傍観者的な立場である場合が多いが。特定の分野について熱狂的な意思を持ち、いつのまにか「影のキーマン」になっていた、ということが起きることもある。

第3章　プロジェクトの計画

3.9　調達計画

　システム構築において調達するものには、ハードウェアやソフトウェア、設計・試験・プログラミング作業などがある。調達に関する計画、調達先の選定、契約、検収、評価などについては、各社が保有する基準や規約に沿って行うことになるので、以下3点だけコメントする。

（1）契約について

　システム構築の取引契約は、請負契約又は準委任契約になる。以下、経済産業省の報告書（文献【22】）から引用する。（下線は筆者）

　「請負ではベンダは仕事（受託業務）の完成の義務を負うのに対し、<u>準委任ではベンダは善良な管理者の注意をもって委任事務を処理する義務を負う</u>ものの、仕事の完成についての義務は負わない。別の観点からいえば、<u>請負に馴染むのは、業務に着手する前の段階でベンダにとって成果物の内容が具体的に特定できる場合</u>ということになる。したがって、内部設計やソフトウェア設計などのフェーズは、請負で行うことが可能である。これに対して、システム化計画や要件定義のフェーズは、ユーザ側の業務要件が具体的に確定しておらず、ユーザ自身にとってもフェーズの開始時点では成果物が具体的に想定できないものであるから、ベンダにとっても成果物の内容を具体的に想定することは通常不可能である。そのため、請負には馴染みにくく、準委任が適切ということになる。」

請負契約では、成果物に対する責任を負うが、そのためにはどういう成果物を作るのかが明確になっていなければならない。成果物の仕様が明確になるのは、システム設計完了時点になる。細かい仕様は設計をしないと決めきれないためである。

　一方、準委任契約は成果物に対する責任はないが、「善良な管理者の注意義務（善管注意義務）」――専門家として適切なアドバイスや提案・意

143

見などを提供する義務——を負うことになる。請負契約では成果物さえできれば、誰が作ってもよいが、準委任契約では、作る過程が大事で専門家（プロ）としての資質が問われる。準委任契約は SE が淘汰される可能性を含んだ契約なのである。

（2）信頼できるパートナー

　調達先はプロジェクトにとって重要なパートナーであり、信頼できるパートナーに依頼したい、と誰しもが思うはずである。では、信頼できるパートナーの条件とは何だろう？

　財務・経営の安定性、コンプライアンス、技術力…いろいろな条件があると思うが、品質を重視しているかどうかも重要な条件である。また、言われたことだけをやるのではなく、間違いを指摘し、より良い改善策を提案する姿勢も条件に加えたい。

　SI ベンダからユーザを見たときも同様で、品質をベンダ任せにしないユーザはベンダから見て「信頼できるユーザ」である。

（3）オフショアの活用

　今やプログラム開発（製作）に、オフショアを使うことは常識になっている。オフショアのメリットには価格が安いこと、動員力があること、などがあるが、高い実装技術を保有している技術者が多いこと、も重要なメリットである。その実装技術を生かした活用方法、例えば、単純なプログラミングだけでなく、ソフトウェアの構造設計段階から入ってもらう、といった活用方法も効果的である。

第3章　プロジェクトの計画

余談18　オフショアから「NO！」と言われたプロジェクト

　あるプロジェクトで、設計が終わり、システム仕様書などをオフショア
の開発会社に渡してプログラム作成を依頼したところ、「この仕様書では作
れません！」と言われてしまった。社内で仕様書をチェックしたところ、
確かにこれではまともなプログラムは作れない、との結論に達した。

　納期が迫ってくる中、設計要員を増員しユーザにも協力をお願いして超
特急で再設計と仕様書の作り直しを行った。プログラム製作はその開発会
社にお願いして、大量のプログラマーを動員し、通常の納期の半分で完了
させることができた。当初の納期から４ケ月ほど遅れたものの、何とか稼
働にこぎつけた。もちろん、コストも超過したが、もし、この開発会社が
何も指摘せずに、いい加減なプログラムを作ってきたとしたら、納期もコ
ストもこの倍以上、悪化したかもしれない。

145

第4章　プロジェクトの監視・制御

4.1　統合管理

4.1.1　プロジェクト状況の監視指標

　プロジェクトの実行状況を監視する指標には次のようなものがある。各監視項目を総合的に分析し、プロジェクトの状態を判断した上で必要により是正処置を講じる。

（1）スコープ

　要件や仕様の追加、変更、削除の状況を把握する。また、PM や PL の知らないところで変更に対応しないように目を光らせる。

（2）進捗、コスト

　プロジェクトの問題は、まず進捗とコストに表れることが多い。これらは、定量的・客観的に把握しなければならない。コストは定量的に把握できるが、進捗を正しく把握するのは意外と難しい。

（3）品質

　品質の定量的指標には、誤り検出率とレビュー密度／試験密度があるが、これらの指標と合わせて、誤りの内容やレビュー・試験の方法など定性的な分析も行って品質を評価する。

（4）リスク

　プロジェクト開始時にリストアップしたリスクや課題の処置状況、及び新たなリスクや課題の発生状況を監視する。

（5）要員

　担当者はプロジェクト全体を見ることはできないが、自分の周辺で起き

ていることには敏感である。そのような情報はプロジェクトの状況を判断する上で重要である。

（6） 調達

パートナーから得られる情報も担当者の情報と同様に重要である。こまめに情報を収集しよう。問題をあまり指摘してこない会社は、突然、問題が爆発することもあるので注意する。

4.1.2　問題プロジェクトの兆候

プロジェクトが計画通りに進まないとコストや進捗の指標が異常値を示すようになるが、それより前又はそれと並行して予兆が現れる。図表4.1はその例である。これらの予兆が一定の件数以上あり、それらが継続しているときは、第三者による診断を行って対策をとる必要がある。

図表 4.1　問題プロジェクトの予兆チェックリスト（例）

No	区分	予兆
1	プロジェクト計画	プロジェクトを開始しているのにプロジェクト計画書が作成されない。
2		計画内容に不備があり、改訂を指示されたのにほったらかしになっている。
3		計画が変更になっているのにプロジェクト計画書が改訂されない。
4		PM／PL がユーザとの契約内容を知らない。
5	スコープ	重要な要件が未確定のままになっている、または未確定の要件が多数ある。
6		パッケージを適用するプロジェクトだが、適用方針があいまい、又は方針と異なる要件定義になっている
7		現行仕様を踏襲することになっているが、現行仕様が文書化されていない。
8		規模に比べて仕様書のページ数が少なすぎる。又は、仕様書の記述粒度が粗すぎる。

（つづく）

第4章　プロジェクトの監視・制御

（つづき）

9	スコープ	仕様変更が多発している。
10		仕様の変更管理が行われていない。
11	コスト・進捗	コスト実績を正しく収集していない。（投入人員に対して計上が少なすぎる、など）
12		コスト実績から推測した最終コストが計画値を大幅に超過する。
13		投入工数に比べて進捗が著しく悪い。
14	品質	レビュー記録がない。又は担当者個人に丸投げ状態になっている。
15		レビューが形式的になっている。
16		試験計画書が作成されていない。又は作成されていても品質管理計画が不明確のまま。
17		試験を実施しただけで弱点分析や品質評価をしていない。又は分析や評価の内容がプア。
18		計画よりレビュー密度や試験密度が低下している。
19	リスク・課題	リスク対策の完了時期がたびたび延期される。
20		新たなリスクや課題が多発し、収束していない。
21	要員・コミュニケーション	PL が他の打合せなどで月次のフォロー会議に顔を見せない。
22		前月のフォロー会議の指摘事項がほったらかしになっている。
23		PM／PL の報告が担当者の情報と食い違っている。
24		PM／PL がプロジェクトの課題を職制管理者と相談している気配がない。
25		プロジェクト内の定例打合せが実施されていない。
26		要員が他の仕事に引っ張り出されることが多い。
27		担当者が、疲労感やあきらめ感を持っている。

149

4.1.3　早期発見の効果と課題

　プロジェクトに問題が起きると「早期に発見していれば…」という反省や総括がよく行われる。結論を言えば、早期発見の効果はあるが、その困難さに対して期待するほど大きな効果が得られるケースは少ない。

　問題プロジェクトの再発防止策として、「早期発見のための監視体制強化」という施策がときどき見受けられるが、万が一再発したときには同じ対策をもう一度掲げるわけにはいかないし、抜本的な再発防止策としては適切でない。

（1）早期発見の期待効果

　早期発見の効果が大きいのは、図表1.3で直接原因が「手戻り」にあるときである。この場合、発見が早ければ早いほど損害を小さくすることはできるが、損害をゼロにすることはできない。問題の兆候がみえたときには、すでに手戻りが検出されているからである。

　一方、直接原因が「要件増加」の場合も早期発見により損害を減らすことはできるが、「手戻り」以上に期待される効果は少ない。要件増加の場合、問題が作り込まれた時点で気づけば何らかの対応がとれるが、作り込まれてから時間が経過したあとでは、増加分を完全に取り去ることは不可能である。

　図表4.2は、某問題プロジェクトが早期発見できたとしたら損害はどの程度軽減されたか、をシミュレーションしたものである。このプロジェクトは見積りの約2.8倍のコストがかかったが、その直接原因は見積り時の開発規模が誤っていたことが半分、品質対策などによる手戻りが半分である。最良のケース（図表4.2の仮定1）では1.5倍になるもののこれが実現する確率は極めて低く、うまく「早期発見」できても2倍（仮定2）〜2.5倍（仮定3）のコストがかかったと推定される。

第4章 プロジェクトの監視・制御

図表 4.2　早期発見のシミュレーション

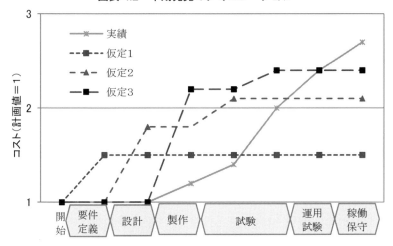

実績：　プログラム製作後の受入試験で品質不良に気づき、要員の増強などにより対応したが、仕様の不備や不足が次々と露見し、コスト見直しのたびに追加コストが増加していった。

仮定1：要件定義後に要件の増加に気づき、ユーザとハードネゴをして要件を絞り込んだ場合。（実現する可能性はほとんどない）

仮定2：設計作業の遅延に気づき、要件の増加を認識して設計者の交代・増員を行い、設計をやりなおした場合。

仮定3：製作品質の不良に気づき、設計リーダーの交代などを含めてプロジェクトの再建を実施した場合。

（2）早期発見のむずかしさ

　図表4.2のプロジェクトで、要件が大幅に増加していることに気づいたのは、試験フェーズの半ばを過ぎてからで、それまでは設計や製作の不備が原因と思われていた。要件の深さや広がりに気づかなかったのである。

　要件定義の段階でそれに気づくには設計能力に長けた第三者のチェックが必須だし、仮にわかったとしても、「このままいけば2倍近くのコスト

になる！」ということをユーザに申し出るのは難しい。要件定義の途中ならば、交渉の余地もあったかもしれないが、終わってからでは素直に交渉に応じることはないだろう。

仮定2や仮定3の場合でも、プロジェクトに利害関係を持たない者であれば「このままいけばコストも納期も大幅に超過する、PM／PLを交代させてプロジェクトの再建が必要！」と言えるが、言い出した本人がその泥沼に入り込む覚悟をして説得するくらいの熱意がないと説得しきれないだろう。プロジェクトに近い立場の人間が言うのはこの時点ではほとんど不可能であろう。

早期発見は、「嫌なことは見たくない」※という人間の本性が邪魔をして簡単ではない。稀にそれができる冷静な人もいるが、その人がいなくなればもとに戻ってしまう。早期発見を可能にするためには、定量的・客観的な状況把握、信頼される第三者によるチェック、プロジェクト内部からの問題提起（悪い情報）を受け入れる風土、正しいベースラインの設定、など早期発見に限らずプロジェクトを成功させるための組織のプロセスや風土を改善しなければならないのである。

※「人は現実のすべてが見えるわけではない。多くの人は見たいと思う現実しか見ない。」 Gaius Julius Caesar（BC100-BC44）

4.1.4　混乱プロジェクトの火消し

以下は、文献【23】、【24】を参考にまとめたものである。

（1）混乱プロジェクトとは…

混乱プロジェクトとは、プロジェクトの状態が把握できない状態に陥り、計画を見直さないとその状態から脱することができなくなったプロジェクトをいう。プロジェクトが混乱すると、結果として工程遅延、コスト増、品質不良、要員の士気低下、などの現象が現れる。

第4章　プロジェクトの監視・制御

（2）混乱の原因

　プロジェクトの混乱の原因は、問題プロジェクトの原因と同じで、直接的には要件増又は手戻りであるが、計画の不備、実行管理の不備、ユーザとの協調不備、などがある。特に、見積りや契約を含めた計画の誤りが原因になることが多い。

（3）沈静化のためのプロセス

①プロジェクト状態の分析

　プロジェクトを一時中断して、実態を分析する作業を実施することについて関係者の了解を得る。調査は、客観的な外部有識者によりプロジェクト・メンバーからのヒアリングや成果物の確認により行う。加工された情報ではなく、生の声、生のデータで分析し、課題を明らかにする。

②再建計画の策定

　再建計画は新たなPMを任命して策定する。分析で明らかになった課題をもとに、それまでの計画をリセットして、新たな目標を設定する。ユーザやステークホルダーが受容できる最低限度の目標を確認してその目標が達成可能かどうか判断するが、どうやっても達成不可能となればプロジェクトを中止するしかない。

③再建計画の承認と支援の獲得

　作成した再建計画は、ユーザ及びベンダの社内部門の承認を得る。必ず出る質問は、「なぜ、こんなふうになってしまったのか？」「今度は絶対にうまくいくと言えるのか？」である。承認を得るのは簡単ではないが、新しいPMは根気強く説得するしかない。

④再建プロジェクトの実行と確認

　再設定した目標及び新たな工程、進め方などをプロジェクト・メンバーに説明し、再建プロジェクトを始動させる。実績の把握と関係者への報告は、通常のプロジェクト以上に正確かつ丁寧に行う。

153

（4）沈静化を阻害する要因

①外的要因

- 立て直しができる PM の不足…優秀な PM は他のプロジェクトに組み込まれていることが多い。
- リソース（人、モノ、カネ、時間）の制約
- ユーザやステークホルダーからの協力や支援が得られない

②内的要因

- 実情を隠す…プロジェクト・メンバーは不信感を持っており、簡単には実情を話さない
- 再建計画として設定した目標に無理があるときは、いくらリソースを投入しても解決しない
- プロジェクト・メンバーの疲弊…もともとのメンバーが機能しなければ再建は失敗する。

（5）まとめ

- 沈静化のためには、PM の交代は必須。外部の人間が冷静に現実を分析し、問題を把握することが出発点である。
- 目標は優先順位づけが必要だが、最優先は品質。工程、コスト、スコープなどが犠牲になることを覚悟しなければならない。

第4章　プロジェクトの監視・制御

余談19　あるプロジェクトの再建

　プロジェクトMはシステム設計後の規模見積りで要件が増加していることがわかったが、実質的に一括契約だったためコスト計画も納期も変更せずに開発作業を開始した。規模の増加は社内のプロジェクトレビューで報告されたが、「類似機能の繰り返しなので、コストや納期は計画通りで対応可能」とのことだった。

　ソフトウェア設計の段階で詳細な外部仕様をユーザと詰めたが、たくさんのバックログを抱えたままプログラム製作に突入。ソフト製作会社は何とかプログラムを作ったものの、結合試験で大量のバグが検出された。PMOの指示によりプロジェクトを中断して現状分析を行った結果、原因はあいまいな外部設計と放置されたバックログの存在だった。

　新たなPMを任命して再建計画を策定。ユーザも稼働時期の延期には渋々応じていただいた。バックログをすべて洗い出してユーザに確認した上で、大量の設計要員を動員して外部設計を詳細にわたってやり直し、プログラムも全面的に見直した。

　新たなPMや既存のメンバーの頑張りもあって、再建計画通りに進み、当初計画より5ケ月遅れで稼働した。コストは大幅に超過した。

155

4.2　スコープ管理

PMBOK では「スコープ・コントロール」として、スコープの変更管理を実施することになっているが、本書では「スコープ管理」として、仕様管理、開発規模の変動把握、及び成果物の管理である構成管理について述べる。

（1）仕様管理

3.2.3項にも記したように、仕様管理は「仕様の照会・確認、変更、連絡などを一元的に管理するしくみ」である。

仕様管理では次のような問題がよく起こる。

　　①公式ルートではないルートで変更が決められる

　　②変更や連絡が関係者に伝達されない

　　③変更の影響が想定外のところにもあった

　　④起案者と回答者間で押し問答が続く

　　⑤照会に対する回答が遅い、又は無い

上記問題にはそれぞれ個別の原因があるので、それを調査して対策をとるが、一般的な原因としては次の3つが考えられる。

　　a）仕様管理のしくみ（プロセス）が悪い

　　b）仕様管理のしくみが周知されていない

　　c）面倒だから、時間がない、とかの勝手な理由で仕組みを無視する

原因を分析し、下記の目的を踏まえて最適な対策を考える。

・変更履歴を管理することにより「最新の仕様は何か」「変更が反映されているか」を確認できるようにすること

・仕様の誤解、取り違え、取り込み漏れなど、「仕様の齟齬」が起きないようにすること

（2）開発規模の変動把握

ソースコードの行数又はファンクション・ポイント数などで表現される

開発規模は、プロジェクト計画時に設定されるが、仕様の確定や変更に伴って変動する。開発規模は、見積りで使われるだけでなく、品質管理や工程管理にも影響があるので、随時、見直しをしなければならない。

見直しは、計画時に作成した機能一覧などの明細表を更新することにより行う。ファンクション・ポイントの場合は、その明細を必ず作るはずであるが、ソースコード行数の場合、機能やプログラム別の明細を作らずにマクロな括りで見積もってしまう場合もある。プロジェクト全体で差がなければそれでも問題は起きないが、差が大きいと判断を誤るので、面倒がらずに規模の変動を定量的に把握するようにしたい。

（3）構成管理の実行

プロジェクト計画時に策定した計画に基づいて構成管理を実行する。ツールを使う場合が多いが、構成管理者を置いて定期的に構成監査を行うことが望ましい。

4.3　コスト管理

コスト管理の目的は次の３点である。

①コストの計上実績を把握し、必要により対策を講じる

②予定コストを見積り、プロジェクトや組織の計画に反映する

③見積り精度向上のために計画と実績の差を分析する

（１）コスト計上状況の分析

コストの計上実績は社内のシステムやプロジェクト独自の方法などにより収集する。通常、月１回程度である。

システム構築のコストにはハードウェアやソフトウェア製品の費用もあるが、ここで分析対象とするのは設計／製作／試験などを行う要員（社内及び社外）の費用である。要員の費用はコストの計上計画と実績だけでなく、下表のように進捗と比べて分析する。

図表 4.3　コストと進捗の関係

計画比		状況
コスト	進捗	
少	遅れ	要員の投入が抑えられているために遅れている可能性がある。要員の投入は、これまでの作業効率（CPI）※を評価して決定する。作業効率が悪い場合、計画より多くの要員投入が必要になる。
少	進み	要員の投入は計画より少ないが作業効率が良いので進捗は進んでいる。品質が確保されているか確認する。
多	遅れ	計画より要員の投入が多いのに進捗が悪い。作業効率が悪い原因を調べる。
多	進み	要員が先行投入されているので進捗は進んでいる。ただし、作業効率が悪い場合はその原因を調べて対策が必要かどうか判断する。作業効率が良い場合は、品質にしわよせがいっていないか確認する。

※作業効率（CPI）：EVM の指標。3.4.6項参照

第4章　プロジェクトの監視・制御

（2）予定コストの見積り

　進捗状況や作業効率などから計画との差異を分析し、プロジェクト完了時のコストを見積もる。コスト増となる場合は、まず削減対策を検討するが、どうしても計画コストを超過してしまう場合は、所定の手続きを踏んで超過申請を出すことになる。その際、超過理由、残存リスクと対策、改善策、関連部門への依頼事項、総合的な見通し、などをあわせて報告する必要がある。

（3）工程別工数の評価

　システム設計、ソフトウェア設計、製作、などの工程の切れ目では、工程別の計画コスト（工数）と実績コスト（工数）の差異を分析し、次の工程でアクションが必要かどうかを検討する。また、次回の見積りに反映すべき事項があれば記録しておき、完了報告でまとめる。

例1）開発規模は変わらないが、ユーザの業務が思ったより複雑で設計に
　　予定以上の工数がかかった。
　→仕様に抜けがある可能性があるので、試験要領書を先行して作成し、
　　ユーザにレビューしてもらう。

例2）設計レビューで仕様のあいまいさに関する指摘が多く、レビューに
　　時間がかかった。
　→製作に入るのを中断し、指摘の多かった機能について、プログラマー
　　も交えて再レビューする。

例3）新人が作成したプログラムに誤りが多く、単体試験に手間取った。
　→これまでに検出した誤りのパターンについて、再度コードレビューを
　　させる。

4.4 工程管理

工程管理（進捗管理）は、プロジェクト管理のなかで最も基本的な管理であるが、進捗状況を正しく把握することは、意外と難しい。

4.4.1 進捗状況の収集と見誤り

（1）進捗状況の収集

進捗状況は担当者から報告を受けてプロジェクト全体で集約する。担当者が4〜5名であれば簡単に収集でき、精度も高い。しかし、多人数になると収集する仕組みや収集担当者を置く必要があり、しかもそれぞれが異なる基準で報告してくる可能性もある。

EVMを使う場合は、詳細工程表など所定の様式に進捗を記入してもらうが、イナズマ線方式（3.4.5項参照）の場合は、工程管理者が進捗状況を担当者からヒアリングすることになる。

（2）進捗の見誤り

進捗状況の収集では、EVを求め、それにより進捗率（SPI）などを求める（EV、SPIは3.4.6項を参照）が、進捗状態を見誤って実態より進み過ぎ／遅れ過ぎの報告になることがある。見誤りには次の3ケースある。

①完了率の見誤り

担当者が進捗を報告するとき、担当しているタスクの完了率を推定するが、それを見誤ることがある。例えば、予定ページ数100ページの仕様書が60ページ終わったので完了率60％と報告したが、残りの40ページに手間取り、最初の60ページにかけた工数の2倍もかかってしまった、というようなことがある。完了率は、残りの作業工数を見積って算出すると良い。

②残作業の見過ごし

あるタスクが完了したが、残作業が残ることはよくある。残作業があってもそのタスクを「完了」と報告してしまうと、残作業の量が思ったよ

第4章　プロジェクトの監視・制御

り多くて本当の完了まで時間がかかったり、たくさんの残作業を積み残してその始末に追われたり、ということが起こる。残作業が終わるまで完了としない、残作業は別タスクとしてスケジューリングする、などメリハリをつけた対応が必要である。

③作業のはしょり

スケジュールに追われて、実施すべき作業を実施しなかったり、後回しにしてしまったり、ということがときどきある。その担当者は「あとで何とかなる／何とかする」と思っているが、何もできずに手遅れになってしまうことが多い。「遅れている」と報告すると「どうしてだ？」などと言われるのを嫌がって、「予定通り」と報告することもある。悪い情報を積極的に吸い上げられる雰囲気を作るようにする。

（3）社外委託分（外注）の進捗管理

委託先との契約が請負になっている場合、進捗率（SPI）を報告してもらう。その他の指標は必要により委託先と調整する。納期がクリティカルなプロジェクトでは、「実は…納品が遅れてしまいそうです…」と委託先から言われる前に、詳細な進捗の確認、成果物の中間検査、などを行い早めの対策を促すようにする。

委託先との契約が準委任契約になっている場合、委託先要員の工数実績を提出してもらい作業効率も評価する。

4.4.2　進捗状況の評価

収集した進捗報告を集計してプロジェクト全体の進捗率（SPI）などを算出し、遅れ／進みの原因を分析した上で対策の要否を判断する。要員数が少ないプロジェクトでは感覚的に遅れ／進みがわかるが、要員数が多いとその感覚は鈍くなるので必ず定量的に把握する。

（1）遅れている部位の特定と分析

遅れが大きいサブシステムや機能、あるいはチーム／担当者を特定し、

対策が必要かどうか判断する。対策の要否は、例えば、SPI＜0.95のように あらかじめ基準を決めておくとよい。遅れの原因としては、次のような ことが考えられる。遅れ対策については、4.4.3項を参照。

a) 要員の投入不足

作業効率（CPI）が悪くないのに、進捗が悪い時は要員の投入が遅れ ているか、担当者が病気などで休んでいるか、である。

b) 開発設備の不足

端末不足、開発ツールのライセンス不足、サーバの能力不足、ネット ワークの容量不足など。

c) 作業に必要な情報の不足

例えば、ユーザの要求仕様が決まらない、パッケージソフトなどの仕 様がわからない、機能仕様の定義が不明確でいちいち設計者に確認し なければならない、など。

d) 前工程の品質不良

設計品質が悪くて製作の手戻りが多い、単体試験での誤り摘出が不充 分で結合試験で単純な誤りが多数検出される、など。

e) 計画工数の見誤り

ほかに生産性を阻害する要因がないのに作業効率（CPI）が悪いのは 計画工数が少なすぎた可能性がある。

f) その他の要因

・担当者のモチベーション低下

・担当者がプロジェクトで決めた開発手順や管理方法に慣れていない か、開発手順や管理方法が不適切

・仕様変更が多い

・設計基準などに誤りや不備が多い

・パッケージやツールの品質が悪い

第4章　プロジェクトの監視・制御

（2）進んでいる部位の特定と分析

　進みすぎている場合もその要因を分析して対策の要否を判断する。例え
ば、SPI＞1.10のようにあらかじめ基準を決めておくと良い。進んでいる
要因には次のようなものが考えられるが、対策が必要なのは、b）以降で
ある。

　a）計画より生産性が良い

　　担当者のスキルが高い、などの理由で予定より生産性が良い。又は、
　　計画工数が多かったか、予備工数の消費が少ない。

　b）要員の追加

　　作業効率（CPI）に問題がなければ、コスト増にならないよう注意す
　　るだけでよいが、作業効率が悪い時は悪い原因を分析して対策をと
　　る。なお、大きなプロジェクトになると追加した要員の使い道を間違
　　えて強化すべき部位でないところに追加してしまった、ということも
　　起こりうるので要注意。

　c）作業のはしょり、後回し

　　一部の作業をはしょったか、簡略化してしまった、又は後回しにした
　　ことにより、進んでいるように見えることがある。効率的な方法に改
　　善した場合は問題ないが、やるべきことをやっていないときは、やら
　　せなければならない。

4.4.3　遅れ対策

　遅れてしまったときは、その要因を分析して対策を講じるが、状況に
よってはリカバリーが極めて困難な場合もある。

（1）リカバリー対策の例

　下記①、②は工期短縮策（3.4.3項）と同じである。

①要員の投入（クラッシング）

　・予定した要員の投入が遅れている場合は、投入可能時期まで待てるか

163

どうか判断し、別の要員を手配するか決断する。

・作業効率の低下や作業量増加の場合は、追加投入が必要になる。ただし、状況によっては、追加投入した要員が足を引っ張り、生産性がさらに悪化することもある。（ブルックスの法則…3.4.3項参照）

・特定の要員がボトルネックになっているときは、作業の一部を別の要員に担当させることになるが、作業の切り出しが困難になることもある。こうした事態が予測されるときは、リスク対策としてクリティカルな作業を複数の担当者に担当させておく。

②作業の並行実施（ファスト・トラッキング）

順番に行う予定の作業を並行して実施することにより、工期を短縮する。相互に独立した作業を並行させるのは問題ないが、関連がある作業を並行させると手戻りの可能性があるので注意する。

③前工程に問題がある場合

同様の問題が他の機能にないか、前工程だけでなくさらにその前の工程にも問題があるのではないかも確認して問題のある範囲を特定する。特定した範囲の成果物を再点検し不具合を改修してから次の工程に進む。問題が広範囲にわたる場合、最悪、プロジェクトをいったん中断して点検しなければならないこともある。

④計画工数の見直し

計画工数が誤っていた場合は、その部分の計画工数を見直し、工程を再スケジュールする。コストの見直しが必要な場合もある。

⑤その他の対策

・設備が不足している場合は設備の増強を行う。増強ができない場合は、交代制による利用などで対応せざるをえないこともある。

・情報が不足している場合は、説明会や講習会などを実施する。

・要員のモチベーション低下には様々な理由があるので、まず、担当者の話に耳を傾ける。メンタルヘルスを疑わなければならないこともある。

第4章　プロジェクトの監視・制御

・ユーザ側に起因する問題の場合は、ユーザ側責任者と率直に問題を
　話し合う。

（2）リカバリーが困難なとき

　遅れのリカバリーが困難な時は、スコープの一部又は全部の納期を遅ら
せるしかない。絶対にやってはいけないのは、実施すべき作業を実施しな
いことである。必ず、あとで品質などの反動があり、かえって高いコスト
を支払うことになる。

①一部作業や成果物の納期延期

　クリティカルパス上にある作業の一部を延期して、クリティカルパスを
軽くするか、クリティカルパスでない作業を延期して、クリティカルパ
スに集中投入するか、のいずれかである。前者の例には一部機能の稼働
延期、後者の例には一部成果物の引き渡しを延期する、などがある。

②稼働延期

　納期の延期を2度3度と繰り返してはならない。少しでも早く稼働させ
たい、という気持ちを抑えて実現性のあるスケジュールを計画する。

165

4.5 品質管理

　品質目標を達成するために、レビューや試験の実施状況を監視し、品質の評価を行って、必要により品質強化策を実行する。品質管理のプロセスフローを図表4.4に示す。
　品質評価はその工程のレビューや試験が全部完了してから1回行えば良いものではなく、中間でも何回か行う。

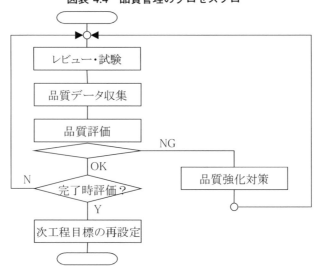

図表 4.4　品質管理のプロセスフロー

第4章　プロジェクトの監視・制御

4.5.1　品質データの収集

　レビュー工数／試験項目数、誤り件数などのデータを収集し、品質分析シートに記入する。品質分析シートは、「傾向分析」（後述）などの品質評価をしやすくするためのもので、誤りは件数のみならず、作り込んだ工程や原因もわかるようにしておくと良い。

図表 4.5　品質分析シートの例

品質分析シート

工程	サブシステム名、機能名、等	担当者	FP数 KL	レビュー工数 目標	レビュー工数 実績	試験項目数 目標	試験項目数 実績	誤り件数 目標	誤り件数 実績	要件定義	シス設計	ソフ設計	製作	その他	記述モレ	曖昧	不正	基準違反	その他
システム設計																			
	共通機能																		
	売上・請求																		
	発注・仕入																		
	在庫管理																		
	外部連携																		
	マスタ管理																		
	その他																		
	合計																		
ソフトウェア設計																			
	共通機能																		
	売上・請求																		
	発注・仕入																		
	在庫管理																		
	外部連携																		
	マスタ管理																		
	その他																		
	合計																		
製作																			
	共通機能																		
	売上・請求																		
	発注・仕入																		
	在庫管理																		
	外部連携																		
	マスタ管理																		
	その他																		
	合計																		
結合試験																			
	共通機能																		
	売上・請求																		
	発注・仕入																		
	在庫管理																		
	外部連携																		
	マスタ管理																		
	その他																		
	合計																		
システム試験																			
	共通機能																		
	売上・請求																		
	発注・仕入																		
	在庫管理																		
	外部連携																		
	マスタ管理																		
	その他																		
	合計																		

167

4.5.2 品質評価の実施時期と評価項目

品質評価は、レビューや試験がすべて完了してから行うのではなく、早い時期から行うことにより、品質を向上させ、コストを削減することができる。

図表 4.6 品質評価の実施時期と評価項目

No	評価技法	評価項目	実施時期と対象評価項目			
			中間①	中間②	中間③	完了
1	——	レビューや試験に耐えうる品質か？	○	△	－	－
2	傾向分析	誤りが、特定の機能や担当者、原因などに偏っていないか？	○	○	○	○
3		前工程以前で作り込んだ誤りが多いか？	○	○	○	○
4	試験項目評価	レビューや試験項目の内容は適切か？	○	○	○	○
5	ゾーン分析	レビューや試験項目は計画値以上実施したか？	－	－	△	○
6		検出した誤り件数は適切か？	－	－	△	○
7	収束分析	誤りの検出は収束傾向にあるか？	－	－	△	○
8	その他	（プロジェクト独自の評価項目）				

※中間①：開始して少し経った頃　　中間②：半分くらい過ぎた頃
　中間③：終わりに近づいた頃
　○：実施する　　△：必要により実施する

各評価時期において、ひとつでも評価項目が NG であったら、その原因を調べて品質強化のための対策を実施する。

評価技法については、4.5.3項、品質強化策については、4.5.4項を参照。

4.5.3 品質評価の技法

(1) ゾーン分析

レビューや試験の量と検出した誤り件数の関係を下図のように9つのゾーンに分類して評価する。この評価で「目標通り」や「良好」であっても品質が良いとは限らない。必ず、他の評価方法でも評価すること。

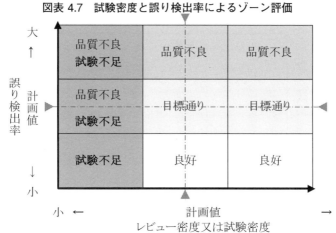

図表 4.7　試験密度と誤り検出率によるゾーン評価

- 目標通り／良好：他の評価方法で評価して、問題なければ先に進む
- 品質不良：傾向分析などで原因を推定し、追加試験を実施する
- レビュー／試験不足：レビュー工数又は試験項目数が計画より少ないので追加レビュー又は追加試験を行う。

（2）誤り収束分析

　レビューや試験の実施に伴い、検出する誤り件数が減少傾向にあるかどうかを判定する。横軸が時間軸だとレビューや試験をしていないために誤り検出がないことがあるので、レビュー工数又は試験項目数にする。また、同じようなレビューや試験項目の繰り返しでなく、異なる視点で行われていなければならない。

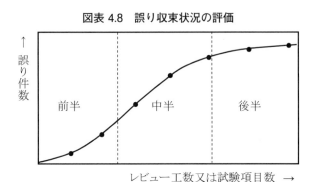

図表 4.8　誤り収束状況の評価

（3）傾向分析

　誤りは傾向性をもって検出されることが多い。誤りの内容を、機能、作り込み工程、原因、担当者など、様々な観点から分析し、同様の誤りが他にもないか確認する。図表4.5のようなシートやパレート図などを使うと分析しやすい。

　例1）特定の設計者やプログラマーの担当部分に集中
　　→機能や原因、あるいは処理パターンに傾向性があるときが多いので、弱い部分を再度レビュー又は試験しなおす。
　例2）結合試験でコーディングミスが多発
　　→コードレビュー又は単体試験で誤りが取り切れていない。前工程にさかのぼって、追加レビュー／追加試験を行う。

第4章　プロジェクトの監視・制御

（4）試験項目の評価

試験項目の基本的な評価基準は、「体系的な試験設計に基づき、試験網羅度が担保されているか」である。具体的には次のようなチェックポイントがある。

①ホワイトボックス技法による試験については、命令網羅（C0）と分岐網羅（C1）が100％、条件網羅（C2）は相互依存関係※がある条件の組合せが100％になっていること。

②仕様書に記載されている場合分けがすべて試験されていること。また、相互依存関係※がある複数の場合分けについては、その組み合わせがすべて試験されていること。

　※相互依存関係；
　　ある判断分岐とその関連処理で利用するデータが、他の判断分岐と処理で利用するデータと同じか密接な関係にある場合、それらの判断分岐の組合せすべてを試験すべきである。

③数値の判断分岐や繰り返し文については境界値分析による試験が設定されていること。

④入力操作については、オペレータが操作しそうなパターンを想定した試験が行われていること。

⑤エラー処理や例外処理が正しくリストアップされていること。通常、試験項目の70％以上はエラー処理や例外処理になるはずである。

⑥同じような試験ばかりやっていないこと。

（5）その他の品質評価項目

プロジェクトによっては、次のような評価を行う。

①改造によるハレーションの確認は十分か？（システム改造のとき）

②性能など非機能要件の確認は十分か？

③既存システムとの互換性チェックが行われているか？（再構築やマイグレーションのとき）

171

4.5.4　品質強化対策

　品質評価の結果、システムの一部又は全般について、品質強化が必要と判断された場合は、次のような品質強化策を実施する。

　追加レビューや追加試験で検出する誤り件数の目標値を設定する。

（1）追加レビュー、追加試験

　傾向分析で弱点とされた部位について、追加レビューや追加試験を行う。追加レビューや追加試験は弱点とされた処理や機能にフォーカスして実施する。

（2）横展開

　誤りの原因を分析し、他の機能でも同様の誤りが発生する可能性がある場合は、それらの機能すべてについて、同種の誤りがないか確認する。

（3）前工程の再レビュー

　誤りの原因が前工程にあるときは、前工程の成果物をレビューしなおす。成果物の製作者による点検の他、前回と異なるメンバーによるレビューが効果的である。

（4）試験環境の変更

　試験工程の場合、誤りを出しきれていないと判断したときは、試験データや試験環境を見直してから再試験する。

（5）前工程のやり直し

　このままレビューや試験を続けても誤りが収束する見込みがないと判断したときは、問題の工程にさかのぼって、設計や製作をやり直す。問題の工程は設計工程であることが多いが、プログラマーの統制ができていないと製作工程に問題がある場合もある。設計見直しの場合は設計者の追加や変更をしなければならないことが多い。

4.5.5　次工程品質目標の見直し

　プロジェクト計画時に品質指標計画として設定した誤り検出件数は、過去の実績とそのプロジェクトの特性を考慮して設定した予測値である。実際に検出された件数が計画値から外れる場合は、それを補正することにより、次工程以降の品質評価の精度をあげることができる。

　ゾーン分析の評価結果により、次工程の目標値を見直す。

図表 4.9　次工程品質指標の再設定

評価結果	誤り検出率	レビュー密度／試験密度
目標通り	見直しの必要はないが、プロジェクトによっては見直しても良い。例えば、機能設計の問題は少ないが、ソフトの構造設計がカギになるプロジェクトでは、システム設計の結果によってはソフトウェア設計の指標を見直す。	
良好	誤りの検出実績に応じて、次工程の検出目標を削減する。	見直しは不要だが、計画が過剰であれば削減してもよい。
品質不良	その工程の検出実績に応じて、次工程の検出目標も増やす。	誤り検出率の増加に対応して増やす。
試験（レビュー）不足	試験（レビュー）不足の状態で次工程に進むことはないが、目標が過大だったときは、見直す。	

　誤り検出率やレビュー密度／試験密度をどのくらい増減するかは、あらかじめ組織でガイドラインを決めておく。例えば、増やすときはその工程での増加率（＝実績／計画）と同じ比率で増やし、減らすときは減少率の半分の比率で減らす、といった具合である。

　ガイドラインはあくまでもガイドラインであり、最終的にはPMやPL、あるいは品質担当者の判断を尊重したい。誤りの内容、レビューや試験の質などを総合的に見て、次の工程でどのようなレビュー／試験するか、再計画することが大事なのである。

余談20　米国のソフトウェア品質

　以下は、「JaSST'08　ソフトウェアテストシンポジウム2008東京」における Capers Jones 氏の講演資料（文献【25】）に基づいている。

　アメリカにおけるソフトウェア品質の平均値として、デリバー後に検出された誤り件数を作り込み工程別に集計したのが下表で、誤り件数の合計は、0.75件／FP となっている。これは平均値だが、Capers 氏がベストクラスと呼んでいる企業でさえも0.13件／FP もある。調査方法がはっきりしないので、単純に比較できないが、日本の稼働後不具合数は約0.018件／FP（図表3.31）である。

Defect Origins 作り込み工程	Defect Potential 作り込み欠陥数 （件／FP）	Removal Efficiency 除去率	Delivered Defects デリバー後の欠陥数（件／FP）
要求	1.00	77%	0.23
設計	1.25	85%	0.19
コーディング	1.75	95%	0.09
ドキュメント化	0.60	80%	0.12
バッドフィックス	0.40	70%	0.12
合計	5.00	85%	0.75

　なぜ、こんなに差があるのか、著者には説明できないが、Capers 氏は改善策として、「誤りの除去を試験に頼らず、各工程で作り込んだ誤りはその工程で除去せよ。設計工程など上流工程の工数は増加するが、後工程の工数は減り、トータル工数を減らすことができる。」と述べている。これは、3.5.2(7)項に記載したフロント・ローディングの思想とまったく同じである。

第4章　プロジェクトの監視・制御

4.6　リスク管理

　プロジェクト計画時に特定したリスクや課題を監視・制御するとともに、新たなリスク・課題の特定、分析、対応策の策定などを行う。

（1）リスク・課題の監視・制御

　「リスク管理表」などに記載されたリスクや課題のうち、完了していないものについて、以下を行う。

　a）発生確率と影響度の再評価

　　発生確率と影響度を再評価して図表3.38の「リスクの優先順位付け決定表」により、優先度を見直す。対応策を見合わせていたリスクの対応策が必要となった場合は、対応策を検討して実行する。対応策を実行していたリスクの優先度が低くなった場合は、対応策を中断／中止するか、継続するかを判断する。

　b）対応策の実施状況評価

　　対応策を実施した結果、コストや納期、品質にどのような影響があるかを評価し、対応策の変更や追加あるいは中止を検討する。リスクの影響度が大きくなり、計画したリスク・コンティンジェンシーの範囲で吸収できない場合は、プロジェクト責任者やスポンサーと協議の上、予算や納期の変更又は最悪プロジェクトの中止を判断する。

（2）新たなリスク・課題の特定・分析・対応策計画

　3.6.3項に記した方法により新たなリスクが発生していないか、チェックする。発生していた場合は、リスクの優先順位付け、対応策の策定を行い、リスク管理表に登録する。

175

4.7 要員管理

　プロジェクトには、互いに見知らぬ人が参加して一緒に仕事をすることも少なくない。プロジェクトに前向きに取り組もうとする人がいれば、消極的な人もいる。相性の良い人と悪い人もいる。プロジェクトを効率的に進めるために要員のモチベーションを向上させ、プロジェクトチームとしての結束力を強化するように活動することが要員管理の目的である。要員管理はPM／PLの役割である。

（1）チームビルディング

　チームビルディングは、様々なメンバーのスキルを最大限に生かし、目的に向けて効率よく活動できるようにチームを形成する活動である。心理学者Bruce W. Tuckmanが提唱した「タックマン・モデル」はチームの形成過程を次のように定義している。通常、第1段階から順番に進むが、特定の段階で停滞してしまったり、前の段階に逆戻りしたり、あるいはある段階をスキップしてしまったりすることもある。

図表 4.10　タックマン・モデル

第1段階 形成期（Forming）	メンバーが決定し、チームの目標を共有する時期。 他のメンバーの様子を伺い、不安や内向性、緊張感がみられる。
第2段階 混乱期（Storming）	チームの課題を解決するアプローチを模索する時期。 意見やアイデアが出されるが、メンバー間で考えや価値観がぶつかりあう。
第3段階 安定期（Norming）	チームとしての行動規範が形成される時期。 メンバーとしてどのように活動すべきか気づく。
第4段階 達成期（Performing）	チームとして機能し、成果を創出する時期。 チームに対する帰属意識が高まり、共通の目標に向かって活動する。
第5段階 解散期（Adjourning）	プロジェクトが完了し、チームが解散する時期。 解散することへの心配や悲しみがメンバーの心に押し寄せる。

第4章　プロジェクトの監視・制御

（2）チームの管理

　メンバーの意欲を引出し、チームとしての結束力を高めるために、目標や行動規範の共有、リーダーシップの発揮、メンバー間の衝突の回避などを行う。

a）共有ビジョン

　プロジェクトの目的・目標などを定めてプロジェクト・メンバーが共有する。CMMIでは、プロジェクトの共有ビジョンとして、次の3つを定義している。

　　①使命（Mission）

　　　プロジェクトが存在する基本的な目的

　　②目標（Objectives）

　　　使命を遂行するために達成すべき評価可能な目標

　　③行動規範（Values）

　　　使命及び目標を達成するためにメンバーが判断・評価・行動する際の基準や制約条件

　共有ビジョンを周知させるため、次のようなことに配慮する。

　・プロジェクト開始時にプロジェクト計画書の内容を説明する

　・目的や目標は明快、簡略で達成可能なものにする

　・メンバーが内容を納得するまで話し合う

　・定例ミーティングなどを通して、繰り返し周知する

　・PM／PLが率先して手本を示す

b）コンフリクト・マネジメント

　コンフリクト（Conflict）とは、「意見や利害の衝突、葛藤、対立」といった概念を意味する言葉である。ネガティブに思われがちなこうした状況を組織の活性化や成長の機会ととらえ、積極的に受け入れて問題解決を図ろうとする考え方を「コンフリクト・マネジメント」と呼ぶ。コンフリクトを戦略的に活用することにより、コミュニケーションや人間

177

関係が強固になったり、異なる意見を集約する過程で新しいアイデアが生まれたりするなど、プロジェクトにとって多くのメリットが期待できる。

心理学者のトーマスとキルマン（Thomas, K.W. & Kilmann, R. H.）は、コンフリクトの解決スタイルを次の5つに分類している。

①回避：その場で解決しようとせず、対立する状況を回避する
②受容：自分の要求を抑えて相手の要求を受け入れる
③妥協：互いの要求水準を下げて部分的な実現を図る
④競合：相手を説得して自分の意見を通す
⑤協創：双方の立場を尊重し、異なる観点から意見を出し合い、協力しながら問題解決を図る

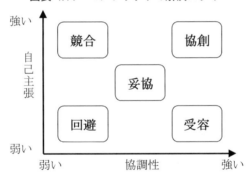

図表 4.11　コンフリクトの解決スタイル

c）リーダーシップ

広辞苑によれば、リーダーは「指導者、先導者」であり、マネージャーは「支配人、経営者、管理人」である。マネージャーが管理する人であるのに対して、リーダーは指導し、その気にさせ、部下の能力を最大限に発揮させて、目標達成を目指す人である。PM／PLにはマネージャーとリーダーの両方の要素が求められる。

第4章　プロジェクトの監視・制御

　ドラッカー（P. F. Drucker）は次のように言っている。「リーダーシップとは、資質でもカリスマ性でもなく、組織の使命を考え抜き、それを目に見えるかたちで確立することであり、目標を定め、優先順位を決め、基準を定め、それを維持する者がリーダーである」

　塩野七生氏は著書「ローマ人の物語」で、「リーダーに必要なスキルとして、『知性、説得力、肉体的耐久力、自己制御能力、持続する意思』の５つがあるが、これらをすべて満足するのはカエサルしかいないとイタリアの高校の教科書には書いてある」と述べている。

余談21　優秀な PL B 氏の課題

　　ユーザの N 課長も出席した設計レビュー会で、SE の T さんが説明した仕様に対して N 課長から新たな要望が出されて紛糾した。そこで設計リーダーも兼ねる PL の B 氏は調整に入った。

B 氏：「メニュー画面経由など ID 情報を引き継げる場合は入力を省略できるようにし、ID 情報を保持したまま、サブ画面を使って連続して照会ができるようにしたらどうですか」

N 課長：「それなら運用の問題はない」

T さん：「改修量もわずかなので、納期やコストの変更は不要です」

　　その後も、N 課長から要望や課題が次々と提議されたが、B 氏はその議論をリードして、すべて決着に導いた。N 課長は、「さすが B さん」と満足していたが、T さんをはじめとして設計に携わった SE は、自らの力不足を嘆く一方で「ならば、B さんが全部やればいいんじゃないの」という投げやりな気持ちも感じていた。N 課長から提議された問題のうち、冒頭の 2 ～ 3 件は難しい問題だったが、他は自分たちでも対応できた問題であったからである。

　　B 氏は設計リーダーとしての責任と、担当 SE のことを思って議論を仕切ったのだが、結果的には担当 SE の自立心を損なうことになってしまった。そればかりでなく、ただでさえ忙しい B 氏は自分の仕事をさらに増やすことになり、B 氏がボトルネックになって設計が遅延する事態を招くことになる。

　　→優秀な設計リーダーによくあるケースだが、さて、B 氏はどのように対応すれば良かったのだろうか…

第4章　プロジェクトの監視・制御

4.8　コミュニケーション管理

　プロジェクト・メンバーやステークホルダーから情報収集し、関係者に
プロジェクト状況を報告して情報を共有し、問題があれば調整する。大き
なプロジェクトでは、PMの仕事の90％はコミュニケーションだと言われ
ている。

4.8.1　情報収集

（1）コスト、進捗などの情報収集

　コスト、進捗、品質、及びリスク・課題の状況については、プロジェク
ト計画時に定めた方法で情報を収集する。

（2）プロジェクト内の情報収集

　プロジェクト内の定性的情報や非公式情報は、プロジェクト内の定例
ミーティングやメンバーからの週報などで収集する。

　①定例ミーティングの進め方

　　・議題は、前日までの進捗と課題の対策状況、新たな問題に絞る

　　・個別の問題は別の場を作って議論する

　　・出席者は10人程度以下に抑える

　　・15〜30分、長くても1時間以内に終わらせる

　　・すべての出席者に発言させる

　②週報の内容

　　作業実績の内容を淡々と書くのではなく、抱えている問題の状況と見
　　通し、新たな問題、改善提案などを書かせる。

（3）業務委託先からの情報収集

　上記（2）と同様に定例会や週報などで情報収集する。

181

（4）ユーザからの情報収集

　ユーザとの定例会は、公式な会議としてベンダ側からのプロジェクト状況報告、ユーザ担当作業の状況確認が主体になるが、非公式な情報の収集も重要である。非公式な情報は、待っているだけでは入ってこない。「ところで○○の件は、どんな具合ですか？」といった雑談からも情報収集を心掛ける。たまにはアフター5もお付き合い願おう。

4.8.2　プロジェクト報告

（1）ユーザへの報告

　ベンダからユーザへの報告は、進捗状況と課題／リスクの状況などを文書で報告する。プロジェクトによっては、品質状況も報告する。

　①進捗報告

　　総合工程表などで報告するが、進捗率（SPI）やスケジュール差異（SV）で定量的な報告を心掛けたい。これらの指標の見方は、ユーザにもきちんと説明しておくべきである。もし、昔ながらの○日遅れ／進みの報告を求められたら、その意味を明確にしておく。通常、「○日遅れ」は「○日前の状態にある」ことを示しているはずである。（「余談11」を参照）

　②課題／リスク

　　重要な課題／リスクの処置状況と見通しを報告する。新たなリスクや課題が検出されたときはその内容や対応見通しも報告する。

　③その他

　　ユーザへの依頼事項、プロジェクトのトピックス、など

（2）社内の報告

　ここでは、ベンダの社内での報告について述べる。

　ほとんどのSIベンダは、毎月1度、プロジェクトの状況を社内幹部やスタッフ部門などに報告する会議を開催している。以下はそうした会議を

第4章　プロジェクトの監視・制御

運用する上での留意点である。

①報告側の留意点

　　・報告は、進捗状況と重要な課題／リスクだけに絞る。細かな報告は資料に書かれているのでそれを見ればわかる。

　　・資料を棒読みするだけの報告は時間の無駄。資料に書けないことを説明する。

②報告を受ける側のチェックポイント

　　著者は報告を受ける際、次のようなことをチェックしていた。

　　✓ PMはプロジェクトの現状を正しく見ているか？

　　　→人は見たくない現実を見たがらないもの。資料に書いてある重要なことを説明しなかったり、書いてあることと違うニュアンスの報告をしたりするときは、突っ込みの質問をしてみる。

　　✓リスクや課題への対応が予定通り進んでいるか？

　　　→目の前の仕事に追われて、リスクや課題への対応はおろそかになりがち。また、対策状況が具体的でないときや、楽観的すぎる見通しを持っている場合は要注意。

　　✓新たなリスクや課題を認識しているか？

　　　→資料や報告内容から新たなリスクや課題が発生していると思われるのに、そうした認識を持っていないことが多い。

　　✓品質にしわ寄せがいっていないか？

　　　→進捗遅れのしわ寄せは品質にいくことが多い。

（3）その他ステークホルダーへの報告

　定例報告会に出席しない特定のステークホルダーなどへの報告が求められる時がある。そうしたステークホルダーが求めるのは、プロジェクトの細かな状況報告ではなく、それぞれの視点からみた報告である。既存の資料で説明すれば済むときもあるが、そのステークホルダー専用の報告書を作らなければならない時もある。

余談22 「報連相」に関する法則

出典：名内泰蔵： PM 学会新春セミナー、2006年 1 月

☆必要なことはきちんと報告されない

←→ 必要でないことはよく報告される

☆暇がある部署はよく報告する

←→ 必要な部署は報告する暇がない

☆良い報告は丁寧に報告される

←→ 悪い報告は簡単に報告される

◇悪い報告が上がる組織

← 叱られるだけなら先送り、悪い報告を受容する忍耐

◇責任追及より実態把握

← 犯人探しでは真実はつかめない

◇報告者にはアドバイス

← 「それでどうする」、「何とかせよ」だけでは…

◇報告には返事を！

← 叱られるのはいや！ 無視されるのはもっといや！

第4章　プロジェクトの監視・制御

4.8.3　ステークホルダー管理

（1）ステークホルダーに関する問題

　ステークホルダーは、それぞれ異なる期待や要望を持っている。それらを理解し、適切に対応することはプロジェクトの成功に欠かせない。ステークホルダーの期待や要望に関してよくある問題は次のようなものであるが、これ以外にも様々なケースがある。

　①ステークホルダー間の対立

　　例1）ユーザの営業部門と経理部門で要件に関する主張が異なり、結論がなかなかまとまらない

　　例2）ユーザの経営層はパッケージの仕様に合わせろ、と言うが、現場の担当者はそれでは業務が回らないと主張する

　②要件や仕様をたびたび変更・追加する

　　例3）最初は不要だ、と言っていた機能をひとつ、またひとつと実現要求があり、結局すべて対応せざるを得なくなった

　③関与度の低かったステークホルダーからの突然の要望

　　例4）要件の検討に参加していなかった現場担当者から、○○機能がないので使えない、と言われた

　④非協力的なステークホルダー

　　例5）忙しいので仕様検討会には出席できない、と利用者部門のキーマンから言われた

（2）問題解決のヒント

　このような問題を解決するヒントを以下に示す。

ヒント1：ユーザとの信頼関係樹立のための行動原則　　　（文献【26】）

　　・約束を守る、期限を守る、プロジェクトの行動規範を守る

　　・あらゆることの確認を怠らず、言いっぱなし、やりっぱなしにしない

　　・契約内容やプロジェクトの目的を理解する

　　・常に「バグゼロ」を目指す

185

・ユーザに対して常に提案を出し、否定的な相談は絶対にしない

・議事録をとり、お互いの考えを文書で確認する

・ユーザは、「物事を決めない、代案を出さない、間違った仕様を要求することがある」ということを意識する

ヒント2：ステークホルダー間の合意形成　　　　　　　　（文献【27】）

・真のキーマンを見つけ、プロジェクトに参加させるよう働きかける

・決定プロセスをあらかじめ全員で決めておく。例えば、目的達成への寄与度、導入効果、投資コスト、運用性、などの評価項目をあらかじめ決めておき、その評価項目に沿って判断する。

・最終合意に向けた根回しを行う

ヒント3：ステークホルダー間の合意形成（裏ワザ編）　　（文献【28】）

ヒント2を正攻法とすれば、以下は裏ワザになる。

・優先順位は声の大きさで決める……理屈で決めるよりうまくいくこともある

・難しい合意形成は曖昧にして先送り……無理して早く決めるより、時間の経過により自然な合意が形成されることもある

・重要な会議は儀式にする……ホンネで議論をすると譲歩できるものもできなくなるので、譲歩案は根回しで作ってしまう

ヒント4：仕様変更、追加への対応　　　　　　　　　　　（文献【29】）

・要望通りに改修した場合、機能を縮小して実現した場合、運用で対応してもらう場合、など3つ以上の選択肢を考えて、それぞれの費用を含めたメリット、デメリットを示して選択してもらう。

・「機能とコストはトレードオフ」は禁句。そんなことは、ユーザは百も承知の上で要求している。この言葉だけで仕様変更や追加を拒否しようとしても問題がこじれるだけ。

・「予算の上限を決めて、その範囲で変更や追加に対応しましょう」も良い方法ではない。発生順に受け入れていくと上限に近づいたとき、やるやらないの問題になってしまう。変更がある程度まとまったら費

第4章　プロジェクトの監視・制御

用や効果を評価して総合的に判断してもらう。

ヒント5：仕様変更・追加を減らすには…

要件定義やシステム設計の粒度が粗いプロジェクトでは、仕様変更や追加が多発する傾向がある。ユーザの要求を聞いてそれを整理するだけでは設計の抜けや誤りを増やすだけでなく、ユーザにも不安感を残す。

業務フローやデータ、実現方式（アルゴリズム）などから、思いつく限りのケースを想定して、どのように対応するのかを議論し、その結果を文書に残す。

それでも仕様変更や追加は避けて通れないが、上流工程でしっかり議論をしておけば、しない時に比べて発生したときの処置がスムーズにいくはずである。

187

4.9　調達管理

　調達に関する計画、調達先の選定、契約、検収、評価などについては、各社が保有する基準や規約に沿って行うことになる。調達先の作業管理も原則は、4.1～4.8節で述べたことと同じであるが、会社対会社の契約になるために、注意すべきこともある。以下は、プライムベンダが、サブコントラクターにシステム構築作業の一部を委託する場合の注意事項である。

（1）委託作業範囲の確認

　委託先との契約時には各社所定の様式などで、作業範囲を確認するはずであるが、初めて取引する委託先やオフショアなどは、より詳細に内容を確認する。

- ・プロジェクト概要：プロジェクトの目的、システム概要、総合工程
- ・作業範囲：対象工程（工程の定義を含む）、成果物（納品物件）、提供資料、検収方法（具体的に）、など
- ・開発方法：設計基準、製作基準、仕様管理・進捗管理・障害管理の方法、品質目標と品質管理の方法、など
- ・コミュニケーション：種類と目的、頻度、使用メディア、参加者、双方の窓口とコミュニケーションパス、など

（2）進捗管理、品質管理

- ・請負契約でプログラム製作などを委託するとき、工程計画や品質管理計画は委託先に作成してもらい、レビューする。
- ・進捗や品質の報告は、実態が正しく報告されるように悪い情報も受け入れる雰囲気を作る。
- ・品質のチェックは完了時だけでなく、開始直後、中間、などにも行い、問題の早期発見と対策に努める。

第4章　プロジェクトの監視・制御

（3）コミュニケーションに起因するよくある問題

①突然、「納期に間に合いません」といった報告を受ける。

→管理不在の「丸投げ」状態のときに起こる。委託先からは何らかの警告や相談が事前に出ているのに、忙しさにかまけてまともに対応しないと突然、問題が噴き出す。

②出来上がったプログラムの品質が異常に悪い

→提示した仕様書がプア、完了するまでほったらかし、納期最優先で無理やり納品させた、…原因はいろいろあるが、これもコミュニケーションの問題であることが多い。

③伝えたつもりの仕様変更が担当者に伝わっていない

→委託先側に問題があるときもあるが、重要事項はすべて文書ベースでやるのが原則である。

④先行してリリースして欲しいプログラムが後回しにされた

→これも「丸投げ」の問題、委託先から工程表を提示してもらって確認すればよいこと。

189

第5章　プロジェクトの完了

5.1　プロジェクト完了報告

　プロジェクト完了報告書を作成してプロジェクトを総括し、運用・保守への引き継ぎを行って、プロジェクトを公式に終結させる。

5.1.1　プロジェクト完了報告書

　プロジェクト完了報告書は、大手のユーザやベンダでは、組織がその様式を用意していることが多いが、次のようなことを記載する。

（1）プロジェクト概要

　・システム概要、プロジェクトの目的、推進方針

　・コスト、工程、開発規模、リスクの計画と実績、など

（2）プロジェクト総括

①プロジェクト目的の達成度評価

　プロジェクト計画時に設定した目的や目標の達成度を評価する。達成度はできるだけ定量的に表現する。

②見積りの評価

　将来、類似プロジェクトの見積りの参考になるように、見積り工数と実績工数との差を分析する。見積り時の前提条件や根拠と実績にどのような差があり、その結果、工数がどう変わったかを、サブシステム別、工程別又はフェーズ別（設計／製作／試験／移行・稼働）に分析する。

　開発規模に大きな変動があったときは、その原因は何で、改善すべきところは何か、をまとめる。

③工程計画の評価

　工程別又はフェーズ（設計／製作／試験／移行・稼働）別に計画した工

191

程と実績期間の差を分析する。計画時の前提や根拠と実績にどのような
差があったのか、それはなぜか、うまくいかなかった場合は再発防止
策、うまくいった場合は他プロジェクトへの展開策、をまとめる。

④品質の評価

引き渡し後、又は稼働後に検出された誤りを分析し、それを作り込んだ
原因や除去できなかった原因を分析する。

レビュー密度とレビュー内容、試験密度と試験内容、及び誤り検出数を
計画と実績で比較し、品質施策の効果や改善点などを含めて、再発防止
策や展開策をまとめる。

⑤リスク・課題の評価

主なリスクや課題に対してどのような対応を行い、結果はどうだったの
か振り返ることにより、同様のリスクや課題にどのように対応すべきか
を分析する。

⑥その他の評価

要員管理、コミュニケーション管理、調達管理などについて、総括すべ
きことがあれば記載する。

⑦教訓／プロセス改善

上記①～⑥の分析を総合し、プロジェクトで得られた教訓、品質・生産
性向上や見積り精度向上のためのプロセス改善策などをまとめる。

5.1.2　完了報告と引き継ぎ

（1）完了報告会

作成したプロジェクト完了報告書により、プロジェクト・メンバーや関
連ステークホルダー、あるいは社内の聴講希望者などに対して、プロ
ジェクト報告会を行う。

（2）引き継ぎ

システムの運用担当、保守担当への引き継ぎを行う。組織により定めら

第5章　プロジェクトの完了

れている引き継ぎ方法がある場合はそれに準拠する。

（3）成果物の登録

システム企画資料、見積り資料、要件定義書、仕様書、プログラム・モ
ジュール、プロジェクト計画書／完了報告書、議事録やプロジェクト定
例報告、検討資料、その他の成果物を所定の場所に登録する。

5.2 SEマネージャーのミッション

本書は、PM、PLやSE部門のマネージャーなどを対象にしているが、この節における「SEマネージャー」とは、企業の組織の一部門として、複数のSEが所属する集団の管理者のことである。SEマネージャーは、管理職としての役割に加えて、次のような使命を持っている。

・プロジェクトに関する知識資産の蓄積と活用
・プロセスの継続的改善
・SE部門の職場風土改善

これらの使命は、「プロジェクト完了時」だけのものではないが、便宜上、この章で記載する。

（1）プロジェクトに関する知識資産の蓄積と活用

プロジェクトが生成した成果物は、プロジェクト遂行のために使うだけでなく、将来、類似のプロジェクトを実行するときの参考資料として活用される。こうした資料を本書では「知識資産」と呼ぶ。（PMBOKでは、組織が定めたルールや様式類などを含めて「組織のプロセス資産」と呼ぶ。）プロジェクトが生成した成果物のうち、特に次のようなものが活用されやすい。

・プロジェクト計画書／完了報告書
・基準類（設計基準、製作基準、試験基準、仕様管理基準、進捗管理基準、品質管理基準、など）
・見積書
・要件定義書、システム仕様書
・各種検討資料、調査報告資料など

PMBOKの各プロセスには、そのプロセスで使う「ツールと技法」が書かれているが、最も多く使われている「技法」は「専門家の判断」である。過去の資料は、「専門家の判断」を手助けする重要なツールになる。

第5章　プロジェクトの完了

　SE マネージャーは、これらの資料を再利用できる形で保管し、自らが率先して再利用しなければならない。

（2）プロセスの継続的改善

　プロセスとは、システム構築やプロジェクト管理の「やり方」である。成熟度の低い組織では、プロセスは個人に委ねられており、その結果、目標の達成率は大きくばらつく（図表5.1のレベル１）。一方、プロセスが定義されそれが遵守されている組織では達成率のばらつきが少ない（同レベル３）。さらに、プロセスが継続的に改善されている組織では、高い目標を設定してもその達成確率が高くなる（同レベル５）。

図表 5.1　CMMI の段階表現における組織成熟度

レベル5：最適化している
レベル4：定量的に管理されている
レベル3：定義されている
レベル2：反復できる
レベル1：初期状態

　大手のユーザやベンダでは、構築プロセス、管理プロセスについて、全社標準の手順が定められている。これらは、全社のプロジェクトを対象にしているので、個別のプロジェクトにとって、内容が抽象的であったり、過剰や不足があったりする。しかし、SE の部・課内では、類似したプロジェクトが多く、それらに適した具体的なプロセスがあるはずである。そうしたプロセスを定義し、技術の変化や過去のプロジェクトの実績に応じて、継続的に改善していく活動のリーダーシップをとるのは、SE マネージャーの使命である。また、全社標準のプロセスに対しても、同様にプロセス改善を継続していく必要があるが、それを提案していくのも SE マ

ネージャーの重要な使命である。

（3）SE 部門の職場風土改善

職場風土は、プロジェクトの品質や生産性に大きな影響を及ぼす。健全な職場風土を醸成することは、SE マネージャーの使命である。

図表 5.2　システム開発組織の文化

出典：文献【30】から要約

	健全な文化	不健全な文化
個人	□前回より良い成果をあげようと継続的改善に取り組んでいる □レビューやアドバイスを当然のこととして受け入れている □新しい技術に遅れないよう学習している	□PL や PM は、上司や顧客の顔色を窺っている □レビューや文書化に割く時間はない □メンバーは知識の縄張り意識と防御に気を使っている
組織	□新人は先輩から効果的な助言を受けている □プロセスと成果物に関するデータが収集・分析されている □成文化された開発手順が採用され、遵守されている □プロセス改善に継続的な努力が充てられている	□個々人が独自の道を歩んでいる □プロジェクトの成功又は失敗の原因を分析しない □組織として仕事の仕方が成文化されていない □問題プロジェクトを救うのは才能ある個人の仕事であって、共同作業ではない □古いシステムの保守を特定の個人だけに依存している
経営者	□上級管理職は、健全なエンジニアリング慣習と事業性がリンクしていることを理解している □経営者のとる行動は言行一致している □継続的な学習支援や書籍の購読などが行われている	□コストやスケジュールが常に品質に優先される □ブルックスの法則「遅れているプロジェクトへの要員追加は遅れを拡大させる」は常に守られない □管理者は担当者と心を割って話をしない □社員の離職率が高い

第6章　プロジェクト成功の船中八策

> 策一：**謙虚であれ！　そして先を読め！**

◇**自信過剰が生み出すものは、甘い計画、甘いリスク管理！**

どんなに簡単そうに見えるプロジェクトでも、必ずどこかに落とし穴がある。注意していれば見つかる落とし穴も油断すればみつからない。計画はずさんになり、リスクなどほとんどないと思いこんでしまう。

◇**無謀登山とは、山を知ろうとせずに登ること！**

山で遭難するとほとんどの場合「無謀登山」の非難を受ける。登山に危険はつきものだが、ルートも調べず、天気予報も調べず、自らの実力を冷静に判断もしないで、登る人が多いのも事実。

夏の富士山に登ったからといって、冬の富士山に登れるわけではない。冬の富士山に登るためには、冬山に関する知識とトレーニングを積んだ上で、夏とは比べものにならない綿密な計画をたてなければならない。

◇**プロジェクトの展開を想像し、起こりえることをイメージせよ！**

天皇陛下の心臓手術を執刀した心臓外科医天野篤博士は、これまでに6000件以上の手術を行って成功率98％を誇る名医である。それでも天野先生は、手術の前に患者さんのレントゲン写真を見ながら、手術の手順をイメージし、ここで出血してしまったら…、患部の状態が予想以上に悪かったら…、などと考えてから、手術を始めるそうだ。

目をつぶって、これからプロジェクトがどのように進んでいくか、頭の中でシミュレーションをしてみよう。

策二： **先憂後楽**

先憂後楽は、北宋の政治家である范仲淹（ハンチュウウエン）の言葉から作られた4字熟語で、「政治家たるものは、国民の心配ごとは真っ先に心配し、国民が楽しんだ後に政治家もそのおこぼれを頂戴する」と言う意味だが、ここでは難しいことや嫌なことは先に始末をつけて、後で楽をしよう、という意味で使っている。

東京水道橋と岡山にある「後楽園」は、この言葉から名づけられた。

◇システムの品質はシステム設計までの上流工程で決まる！

要件定義ではビジネス・ルールを漏れなく決め、システム設計ではシステムの外部仕様のすべてとそれを実現するアルゴリズムを設計する。これらは、システム構築のどこかで必ずやらねばならぬこと、どうせやらねばならぬなら、後回しにせず早くやってしまおう。

◇フロント・ローディング（Front Loading）率80%を達成せよ！

フロント・ローディングとは、プロジェクトの初期に負荷をかけ、品質を作り込む活動のことである。誤りの除去を試験に頼らず、設計と製作で作り込んだ誤りの80%は試験開始前までに除去する。そのために、誤りの作り込みを減らすこと、作り込んでしまった誤りはレビューなどで除去するのが品質向上の大原則である。

◇誤りは例外処理やエラー処理に潜む！

プログラムのコードの80%以上は例外処理やエラー処理で、誤りの大半もここに潜んでいる。要件定義や設計では、例外処理やエラー処理を徹底的に洗い出し、抜けをなくし、論理的整合性を確保することに全力を傾注する。

◇コーディングミスの多くは設計に原因がある！

システムの誤りの過半数はコーディングミスと言われている。しかし、

第6章　プロジェクト成功の船中八策

その根本原因を調べれば、誤りの半分近くは設計に起因していることがわかる。とかく設計者は、プログラマーが融通を聞かせてくれるハズ、と思い込みがちだが、プログラマーに外部仕様は考えさせないように設計すべきである。

◇誤りを作り込まないコツは、単純でわかりやすい設計！

複雑な処理をどうすれば単純でわかりやすい方法になるか、それを考えるのが設計である。ユーザが言ったことを清書するだけの作業は、設計ではない。単純にするコツは、データの種類数と判断分岐を減らすことにある。ユーザの要求をいったんバラバラにして、再組立てする過程で必死に考えれば、必ずや答えがでてくる。

ただし、わかりやすさのための冗長性も必要。

◇目標はユーザへの引き渡し後の誤り検出ゼロ！

策三：根拠が明確で再現性のある見積り

◇「達成する確率がゼロではない見積り」は見積りではない！

すべてうまくいけば達成できる見積りは、達成できない確率が99％の見積りである。

◇見積り根拠の第一は開発規模！

開発規模（FPやKLなど）の算出には、システムのイメージを作りながら、システムの機能やデータ構造などを「設計」するので手間がかかる。しかし、ここに時間をかけてシステムのイメージを作れば、課題やリスクがおのずと見えてくるはず。エイヤッで出したKLがあたることはめったにない。

開発規模は、見積りのためだけに使われるのではない。品質や生産性の指標として使われる。

◇見積り根拠の第二は生産性！

生産性に影響を与えるのは、規模、複雑性、要件の明確度、工期、要員やユーザのスキル、非機能要件の厳しさ、などである。組織は、過去の実績を蓄積してどの要素がどの程度影響するかを明らかにしなければならない。

◇見積り根拠の第三は前提条件！

役務範囲、技術要件、非機能要件、開発方針、など、システムのイメージを作るための条件を明確にする。

◇リスクの大小に応じたコンティンジェンシーの確保！

リスクの大きなプロジェクトにおいて、十分な予備費はプロジェクト成功のための必要経費である。

第6章　プロジェクト成功の船中八策

策四：正確なベースラインを設定せよ！

◇ベースラインとは公式に承認された基準である！

ベースラインは、次のような文書で規定される。

・スコープ…要件や外部仕様、役務範囲など

・コスト……コスト計上計画

・進捗………工程表

・品質………品質目標、品質指標計画表

◇誤ったベースラインはプロジェクトを制御不能にする！

・スコープ・ベースラインは、成果物を生成する作業の基礎になる。仕様書があれば、設計者に確認することなくプログラムが作れるようになっていなければならない。

・進捗やコストは、その時点までの予定の作業量やコストと、実績の作業量やコストを比べて、進み／遅れや生産性の予実差異を判断する。

・品質の良し悪しは品質指標の計画などと比較して判断する。

　もし、これらのベースラインが曖昧だったり不正確だったりすると、プロジェクトはコントロール不能になる。

◇プロジェクトが混乱すると、ベースラインが崩壊する！

混乱したプロジェクトの再建は、まずスコープ・ベースラインの確立から始める。それが、コスト、スケジュール、品質の計画のもとになるベースラインだからである。

策五：" 見える化 " と組織的対応

◇見えないものは制御できない！

制御できないものは管理できない。プロジェクトを管理し、制御するためには、プロジェクトの " 見える化 " が必要。

◇" 見える化 " ≒ 定量化 ≒ 客観的把握

人は見たい現実だけを見て、見たくない現実は見ようとしない。定量的管理とは、当事者だけでなく第三者もプロジェクトの状態を正しく把握し、管理・制御するための手段である。

◇コストと進捗及び品質は必ず定量的に管理する！

大きなプロジェクトでは、EVM（Earned Value Management）は必須アイテムだが、データが不正確だと判断を誤らせるだけになる。正しいベースラインを作り、正しい実績データを収集するには、ていねいな計画としっかりしたプロセスが必要。

◇それでも定性的情報の重要さは変わらない！

プロジェクトの異常は、ちょっとした兆候から検出される。PM や PL はメンバーやステークホルダーとのコミュニケーションから、問題を嗅ぎ取る能力が求められる。

◇組織的対応とは…

役割や階層に応じて状況を把握し、適切な判断をくだし、行動している状態。「どうするんだ」「なんとかせよ」だけでは、プロジェクトは良くならない。

第6章　プロジェクト成功の船中八策

策六：ビジョンの共有と成功に向けた意思の持続

◇ステークホルダーは、それぞれ異なる夢をみている！

ユーザの経営者、システムの利用者、運用担当、ベンダの経営者、営業
や管理スタッフ、関連システムの担当 SE、プロジェクト・メンバー、
サブコントラクター…ステークホルダーは、みなそれぞれの期待と夢を
もっている。

それでもプロジェクトは、ひとつのビジョン（目的・目標、方針、行動
規範）を共有し同じ方向に向かって進まなければならない。

◇ステークホルダーを"納得"させるのは PM の役割である！

すべてのステークホルダーの夢や期待を"満足"させるのは不可能かも
しれない。しかし、すべてのステークホルダーを"納得"させることは
できる。そのために、自ら考え、問題解決に向けて行動することが PM
／PL には求められている。

◇難しい問題だからといって簡単にあきらめるな！

知恵と情熱を本当に振り絞ったのか？できない言い訳を考える前に、ど
うすればできるかをもっと考えよ！　多くの人の意見を聞き、知恵を拝
借することを含めて…

ニュートンは、リンゴが落ちるのを見て「万有引力の法則」を発見した
というが、彼はただぼんやりと見ていたのではない。必死に悩み、考え
た末に、たまたまリンゴが落ちるときに、解答をみつけただけなのだ。

203

策七：コミュニケーションを理解せよ！

◇ "伝言ゲーム" にしないために…

少し込み入ったことを口頭で伝えると、必ず "伝言ゲーム" になる。相手は自分とは異なる先入観や価値観をもって、人の言葉を理解しようとしている。

相手が理解した内容を反復してもらう、角度を変えた質問をしてみる、重要事項は文書にして再度確認する。

◇ 人数が増えれば、意思疎通は加速度的にむずかしくなる！

3 人のチームのコミュケーション経路（パス）は 2 、4 人の場合は 6 、では20人では…何と190にもなる。N 人のコミュニケーションパス数は、 N×(N−1)／2 　である。

パス数を減らすためにチームを作る。チームは他のチームとのインタフェースが小さいところで分割し、チーム内で完結する独立作業になるようにする。

管理者が直接コントロールできるのは最大 7 人と言われている。

◇ 人と人のインタフェースを減らすことが生産性向上につながる！

人と人とのインタフェースがあれば、調整のための打合せが必要になり、入念に意識合わせをしたつもりでも、すれ違いがあって手戻りが発生する。

チーム間インタフェースを減らし、一人一人が自己完結型の独立作業になるようにシステムを設計し、作業分担を決める。これも設計者の腕の見せ所。

第6章　プロジェクト成功の船中八策

策八：教訓の蓄積と活用

◇プロジェクトが完了したら、あとはどうでもよい？！

　プロジェクトを始めるとき、どう思った？　同じようなプロジェクトが
あったら、参考にしたい…　あとに続く人たちに得られた教訓を残し、
それを活用してもらうサイクルを習慣的に回すことが、自らが次のプロ
ジェクトを担当するときに役に立つ。

◇計画と実績の差を分析しよう！

　設計／製作／試験などのフェーズ別コストや工期、品質指標の予実差、
リスクは顕在化したかあるいは対策は効果があったか、計画通りいった
場合、いかなかった場合、それぞれの原因は何か？どういうやり方をす
ればより良い結果が期待できるか、それが教訓である。

◇反省だけなら〇〇でもできる！

　反省とは、「自分の過去の行為について考察し、批判的な評価を加える
こと」（広辞苑）。　それだけでは、後に続く人はどうしたら良いかわか
らない。教訓は、第三者にも実行できる方法である。それは、プロセス
の改善として表現される。

◇知識や教訓はそれを提示する人のところに集まる！

　教訓や知識は黙っていれば誰かが蓄積してくれるものではない。自らが
創り出している人のところに自然と集まってくる。相談したいとき、教
訓を持っていない人より、持っている人のところに行く。そこで会話を
すれば相談された方も相手の持っている知識や教訓を吸収できる。

205

あとがき

　本書は筆者が社内のプロジェクト管理講座などで講義をしたテキストなどをもとに作成している。

　10年ほど前、プロジェクト管理の講座で受講生に「WBS、EVMという言葉を聞いたことがある人は挙手してください」と言うと、手を挙げるのは2割程度であった。今、同じ質問をするとほぼ全員が挙手する。実際に使いこなしているかどうかは別として、新しいプロジェクト管理の知識が普及してきているのは間違いない。

　そもそも技法というのは、先駆的な人が開発した方法を本人もしくは周囲の人が普遍化・一般化して、その成功体験を他の人にも活用できるようにしたものである。ドイツ帝国の宰相だったビスマルクの名言に「「賢者は歴史に学び、愚者は経験に学ぶ」というのがある。自らの経験だけに頼らず、他人の経験も学ぶことが大切であることを説いた言葉だ。プロジェクト管理の世界は、自然科学のように原理、原則を習得すれば絶対的に正しい答えが出せるわけではない。過去の経験や他人のやり方を学ぶことが、より正しい判断をするために必要なのである。

　SEに限らず、人は保守的になりがちである。自分がやってきた方法は、やり方もわかるし実績もあるから安心できるが、新しいやり方には不安が伴う。例えば、「FP法で見積りをしよう」というと「手間がかかる」「精度が出ない」「なじみのあるステップ数の見積りで十分」など、いろいろな理由をつけて尻込みする人が多い。しかし、始めは文句を言っている人もしばらく続けると、自分なりにやり方を工夫して、それまでわからなかった良さも理解できるようになる。「初めの一歩」の踏み出しに躊躇しているだけなのだ。

　システム構築は、PMBOKやSLCPのような世界標準があるものの、各社が独自のプロセスを持ち、各社流のやりかたで取り組んでいる。各社

のプロジェクト実績やそこで得られたノウハウも社内では活用されても、社外に出ることはほとんどない。機密情報があるのでやむを得ないのだが、各社の管理スタッフは業界活動などを通じて、同業他社との交流があり、そういう場で一定の情報交換をしているが、第一線の SE はプロジェクトに追われて、「井の中の蛙」状態になっていることが多いのではないだろうか。

　本書では、「余談」欄に事例や筆者の経験談をのせた。ここに書いたことは、講義の途中でまさに「余談」として話したことである。そうした経験談がプロジェクトの成功に少しでも貢献できれば、と祈っている。

　最後に、本書の製作にご協力いただいた（株）三菱電機ビジネスシステム〈MB〉及び三菱電機インフォメーションシステムズ（株）〈MDIS〉の皆様に感謝申し上げます。

2016年3月

参考文献

(掲出順)

【1】 （社）日本情報システム・ユーザー協会（JUAS）：「企業IT動向調査 2015」

http://www.juas.or.jp/servey/it15/it15_ppt.pdf

【2】 IPA/SEC※：「機能要件の合意形成ガイド」、2010

https://www.ipa.go.jp/sec/softwareengineering/reports/20100331.html

※ IPA/SEC：独立行政法人情報処理推進機構（IPA）技術本部 ソフトウェア高信頼化センター（SEC）

【3】 IPA/SEC：「非機能要求グレード利用ガイド[活用編]」、2013

https://www.ipa.go.jp/sec/softwareengineering/reports/20130311.html

【4】 経済産業省：「情報システムの信頼性向上のための取引慣行・契約に関する研究会」～情報システム・モデル取引・契約書～（受託開発（一部企画を含む）、保守運用）〈第一版〉、2007

http://www.meti.go.jp/policy/it_policy/keiyaku/index.html

【5】 PMI®：「プロジェクトマネジメント知識体系ガイド（PMBOK ガイド 第5版）」、2013

【6】 IPA/SEC：「共通フレーム2013」Software Life Cycle Processes-Japan Common Frame 2013

【7】 経済産業省 情報処理振興課、（社）日本情報システム・ユーザー協会（JUAS）：「ユーザー企業 ソフトウェア・メトリックス調査2014」

【8】 初田賢司：「本当に使える見積り技術」、日経BP社、2006

【9】 倉重誠、蘆村武史、初田賢司：「ITプロジェクトの初期段階におけるリスクを考慮した予備費モデル」 プロジェクトマネジメント学会誌 Vol.16, No.3, 2014.

【10】 IPA/SEC：「ソフトウェア開発データ白書2014－2015」

【11】 門田暁人、馬嶋宏、他：「工期の厳しさに関連する要因の分析」、SEC Journal No.10、2007

【12】 IPA/SEC：「ソフトウェア開発見積りガイドブック」、2006

【13】 ISTQB（JSTQB翻訳）：「テスト技術者資格制度 Foundation Level シラバス 日本語版」Version 2011. J02

【14】 IPA/SEC：「定量的品質予測のススメ」、2008

【15】 IPA/SEC：「続 定量的品質予測のススメ」、2011

【16】 IPA/SEC：「ソフトウェアテスト見積りガイドブック」、2008

【17】 Tom Demarco、Timothy Lister、松原友夫、山浦恒央、長尾高弘：「ピープルウェア 第3版」、日経BP社、2013

【18】 松田幹子、松原敬二、満川一彦：「情報処理教科書『システムアーキテクト』2012年版」、翔泳社

【19】 山田博、秋元敏夫、野口陽二、和田京子：「設計工程から品質を飛躍的に向上させる一人一本目チェックⓇ技法」、プロジェクトマネジメント学会2010年度春季研究発表大会予稿集

【20】 森崎修司：「効率良く問題見つける設計レビューの極意」、日経SYS-TEMS2012年10月号～2013年3月号

【21】 IPA/SEC：「アジャイル型開発におけるプラクティス活用 リファレンスガイド」、2013/ 3 /19

【22】 経済産業省商務情報政策局情報処理振興課： 「情報システムの信頼性向上のための取引慣行・契約に関する研究会」～情報システム・モデル取引・契約書～〈第一版〉、2007年4月

【23】 長尾清一：「問題プロジェクトの火消し術」、日経BP社、2007/ 7 /26

【24】 藤島康剛：「混乱プロジェクト沈静化のための意思決定プロセス」、プロジェクトマネジメント学会誌 Vol.10, No.6, 2008.

【25】 Caper Jones：「SOFTWARE QUALITY IN 2008 A SURVEY OF THE STATE OF THE ART」、2008/ 1 /30
http://www.jasst.jp/archives/jasst08e/pdf/A1.pdf

【26】 馬場史郎：「SEを極める50の鉄則」、日経BP社、2000/ 4 /14

【27】 日経SYSTEMS：「ステークホルダー・マネジメント」、2013年3月号

【28】 日経コンピュータ：「脱出！ 暗闇プロジェクト―常識破りのマネジメント術」、2014年1月9日号

参考文献

【29】 日経 SYSTEMS：「SE のための断るワザ　第 1 回」、2011年 1 月号

【30】 Karl. E. Wieger 滝沢徹、牧野祐子訳：「Creating a Software Engineering Culture　ソフトウェア開発の持つべき文化」、翔泳社、2005

索 引

A~D

CMM ……………………………… 22
CMMI ………………………… 177, 195
COBRA 法 ……………………… 70
COCOMO Ⅱ ……………………… 70
CUI ……………………………… 19
EVM ……………………………… 90
　AC ………………………………… 90
　BAC …………………………… 90, 92
　CPI …………………………… 91, 92
　CV …………………………… 91, 92
　EAC …………………………… 91, 92
　ETC ……………………………… 91
　EV …………………… 84, 86, 87, 90
　PV …………………………… 84, 86, 87
　SPI …………………………… 91, 92
　SV …………………………… 91, 92
　VAC ……………………………… 91
GUI ……………………………… 19
IPA／SEC ………… 16, 41, 68, 116
ISO21500 ……………………… 26
ISO9000 ……………………… 33
JUAS ………………… 11, 41, 78, 116
KKD ……………………………… 22
PMBOK ………… 22, 40, 139, 156, 194
PMO ……………………………… 84, 138

QCD ………………………… 21, 22
RFP ……………………………… 62
SLCP ……………………………… 24
V 字型開発 ……………………… 42
WBS ………………………… 78, 80, 81
W 字モデル ……………………… 35

あ~

アクティビティ ………… 78, 81, 87, 88
アジャイル ……………………… 74, 140
誤り ………… 95, 96, 97, 98, 99, 119
誤り収束分析 …………………… 170
請負契約 ………………………… 143
オーバーラン ………… 11, 12, 13, 15
オフショア ……………… 45, 144, 145

か~

管理対象 ………………… 26, 31, 33, 126
共有ビジョン …………………… 177
局面チェック …………………… 36
クラッシング ………………… 82, 163
クリティカルパス ……………… 79, 165
経験ベース技法 ………………… 109
傾向分析 ………………………… 170
欠陥 ……………………………… → 誤り
コンフリクト・マネジメント ……… 177
混乱プロジェクト ……………… 152

213

さ～

作業効率 ･････････････････････→ CPI

３点見積り法 ････････････････66, 67

試験項目 ･････････93, 107, 113, 115

試験密度 ･･･････････････････93, 115

準委任契約 ･･････････････････････143

進捗管理方法

　イナズマ線方式 ･････････････84, 85

　完了率推定法 ･･･････････････84, 86

　積上げ法 ･･･････････････････84, 87

進捗率 ･･････････････････････→ SPI

ステアリング・コミッティ ･････36, 140

ゾーン分析 ･･･････････････････････169

た

タックマン・モデル ･････････････････176

チームビルディング ･････････････････176

テーラリング ･･･････････････････････34

は

ピア・レビュー ･･････････････････････99

ビジネス・ルール ･･････････16, 24, 42

ファスト・トラッキング ･･･････････82, 164

ブラックボックス技法 ･･････････････108

ブルックスの法則 ･･････････････82, 196

プロジェクト・スポンサー ･･････････････30

プロジェクト憲章 ･･････････････････30, 31

プロジェクト特性 ･･････････････123, 126

プロトタイピング ･････････････････81, 141

フロント・ローディング ･････44, 98, 174

ベースライン ････････････････31, 75, 201

ホワイトボックス技法 ･･･････････107, 171

　条件網羅 ･･････････････････････107

　分岐網羅 ･･････････････････････107

　命令網羅 ･･････････････････････107

本稼働基準 ･･･････････････････38, 39

ま

マイグレーション ･･････････････････35, 72

マイルストーン ･･････････25, 30, 35, 77

見積り技法 ･･･････････････････････64

　係数モデル見積り ･･･････････64, 71, 74

　積上げ見積り ･･････････65, 71, 72, 74

　プライス・トゥー・ウィン法 ･････････65

　類推見積り ･･････････････････64, 74

モダンプロジェクト管理 ･･･････････19, 22

問題プロジェクト ･･････････12, 148, 153

ら

リーダーシップ ･･････････････････････178

リスク・コンティンジェンシー ･･66, 175

レビュー密度 ･･･････････････････93, 115

［著者紹介］

桜田 孝（さくらだ・たかし）

1951年　東京都生まれ
1974年　三菱電機（株）入社　鉄道システム、製造業システム、FA パッケージ開発、公営競技
　　　　システム、流通・サービス業システムなど、多数のシステム開発を担当。
2001年　三菱電機インフォメーションシステムズ（株）　航空システム、流通業システム、セ
　　　　キュリティシステムなどの SI 事業とりまとめ、関西地区 SI 事業、PMO（プロジェク
　　　　ト・マネジメント・オフィス）、などを担当。
2010年　（株）三菱電機ビジネスシステム　SE 部門統括。
2015年 3 月　同社を退職。

SE マネージャーのための
プロジェクト管理

2016 年 5 月 14 日　初版第 1 刷発行
2018 年 6 月 14 日　初版第 2 刷発行

著　者　桜田　孝
発行者　高橋　範夫
発行所　青山ライフ出版株式会社
　　　　〒 108-0014　東京都港区芝 5 -13-11 第 2 二葉ビル 401
　　　　TEL　03-6683-8252　FAX　03-6683-8270
　　　　http://aoyamalife.co.jp　info@aoyamalife.co.jp

発売元　株式会社星雲社
　　　　〒 112-0005　東京都文京区水道 1 - 3 -30
　　　　TEL　03-3868-3275　FAX　03-3868-6588

装　幀　藤原印刷
DTP ／印刷／製本　藤原印刷
© Takashi Sakurada 2016 printed in Japan
ISBN978-4-434-21802-6
＊本書の一部または全部を無断で複写・転載することは禁止されています。